**Autor**
Robert Wagner

**unter Mitarbeit von**
Rüdiger Schmalz
Franz Stoppel

# bioskop 5

Gymnasium Bayern
Aufgabenlösungen

**westermann**

westermann GRUPPE





Druck A[2] / Jahr 2018
Alle Drucke der Serie A sind im Unterricht parallel verwendbar.

Redaktion: Dr. Barbara Lübben
Grafiken: Julius Ecke, www.naturstudiendesign.de; Christine Henkel, Dahmen
Satz: Jouve Germany GmbH & Co. KG

Umschlaggestaltung und Typographie: Jennifer Kirchhof
Umschlag Foto: Thinkstock Sandyford/Dublin (sodapix, sodapix, München)
Druck und Bindung: westermann druck GmbH, Braunschweig

ISBN 978-3-14-**159625**-0

# Inhaltsverzeichnis


**1 Biologie, die Wissenschaft von den Lebewesen**

1.1 Biologie - eine neues Unterrichtsfach 5
M Aufgaben richtig verstehen 5
1.2 Grundlegende Anforderungen an Lebewesen 5
G Grundlegende Anforderungen an Lebewesen 7
M Lupe und Mikroskop 7
1.3 Lebewesen bestehen aus Zellen 7
1.4 Tierische und pflanzliche Zellen 8
1.5 Veränderung von Wissen im Laufe der Zeit 9
M Der naturwissenschaftliche Erkenntnisweg 10
1.6 Zellen, Gewebe, Organ, Organismus - Mensch 11

**2 Informationsaufnahme, Informationsverarbeitung und Reaktion**

2.1 Die Sinnesorgane des Menschen 12
2.2 Die optische Wahrnehmung 13
2.3 Reiz-Reaktions-Kette 14
M Experimente durchführen 15
2.4 Suchtmittel beeinflussen die Reaktionsfähigkeit 16
2.5 Schutz der Sinnesorgane 17

**3 Aktive Bewegung**

3.1 Das Skelett des Menschen 18
3.2 Knochen und Gelenke 19
3.3 Muskeln bewegen den Körper - Gegenspielerprinzip 20
3.4 Verletzungen und Erkrankungen der Bewegungsorgane 20
3.5 Fit durch Bewegung 22
G Grundwissenkarten und Aufgaben 23

**4 Stoffwechsel: Stoff- und Energieumwandlung**

4.1 Nahrung liefert Stoffe und Energie für den Körper 25
4.2 Ohne Energie geht nichts 26
M Einfache Diagramme 27
4.3 Nährstoffe sind wichtige Bestandteile der Nahrung 27
4.4 Vitamine, Mineralsalze, Ballaststoffe 29
4.5 Verdauung der Nahrung 30
M Kennzeichen und Eigenschaften von Modellen 31
4.6 Ausgewogene gesunde Ernährung 32
4.7 Zusammensetzung der Luft 33
4.8 Wie wir ein- und ausatmen 34
4.9 Gasaustausch in der Lunge 36
4.10 Rauchen ist schädlich 38
4.11 Blutkreislauf 39
4.12 Anpassung an körperliche Anstrengung 40
4.13 Stoffwechsel - Organe arbeiten zusammen 42
4.14 Die Zellatmung 43

**5 Fortpflanzung, Wachstum und Individualentwicklung**

5.1 Jeder Mensch ist einmalig 45
5.2 Veränderungen in der Pubertät 46
5.3 Vom Jungen zum Mann 47
5.4 Vom Mädchen zur Frau 48
5.5 Befruchtung, Schwangerschaft und Geburt 49
5.6 Das darf nicht jeder! 50
G Grundwissenkarten und Aufgaben 51

## 6 Samenpflanzen als Lebewesen - Fortpflanzung


6.1 Blüten und ihr Aufbau 53
6.2 Bestäubung, Befruchtung, Samenbildung 54
6.3 Bestäubung von Blüten durch Wind und Insekten 55
M Steckbriefe von Blütenpflanzen erstellen 56
6.4 Rosengewächse und Kreuzblütler 56
6.5 Schmetterlingsblütler und Lippenblütler 57
6.6 Korbblütler 59


## 7 Ökosystem Grünland


7.1 Grünland ist unterschiedlich 60
7.2 Grünland ist ein Ökosystem 61
M Untersuchung eines Grünlands 62
G Grundwissenkarten und Aufgaben 62

# Biologie, die Wissenschaft von den Lebewesen

## 1.1 Biologie - eine neues Unterrichtsfach

–

## M Aufgaben richtig verstehen

–

## 1.2 Grundlegende Anforderungen an Lebewesen

| | |
|---|---|
| Der Turmfalke ist ein Lebewesen. | Abb. 1<br>Textseite |
| Woran erkennt man Lebewesen? | **1. a, 2.**<br>Abb. 2<br>Textseite |
| Sind Pflanzen Lebewesen? | **1. b, c**<br>Abb. 3 |
| Pflanzen und Tiere reagieren in besonderer Weise auf Reize. | **3.**<br>Abb. 4<br>Textseite |

**1.**

**a)**

| Anforderungen an Lebewesen: |
|---|
| Lebewesen können Informationen aufnehmen, sie verarbeiten und Reaktionen ausführen. |
| Lebewesen haben die Fähigkeit, sich selbstständig aktiv zu bewegen. |
| Lebewesen haben die Fähigkeit, sich fortzupflanzen. |
| Lebewesen können wachsen und entwickeln sich. |
| Lebewesen haben einen Stoffwechsel (Stoff- und Energieumwandlung). |
| Lebewesen bestehen aus Zellen. |

**b)**

| Lebewesen | Bohnenpflanzen |
|---|---|
| Lebewesen reagieren auf Reize. | Bohnensprosse reagieren auf Berührungsreize, wenn sie auf ein Hindernis treffen. |
| Lebewesen haben die Fähigkeit, sich selbstständig zu bewegen. | Bohnensprosse winden sich an Hindernissen empor. |
| Lebewesen haben die Fähigkeit, sich fortzupflanzen. | Bohnenpflanzen bilden Samen aus, aus denen neue Bohnenpflanzen keimen. |
| Lebewesen können wachsen und entwickeln sich. | Aus den Samen entstehen Keimlinge, die wachsen und sich zu einer vollständigen Pflanze entwickeln. |
| Lebewesen haben einen Stoffwechsel. | Bohnenpflanzen benötigen zum Wachsen Wasser, Kohlenstoffdioxid und Mineralstoffe, sie haben also einen Stoffwechsel. |
| Lebewesen bestehen aus Zellen. | Bohnenpflanzen bestehen aus Zellen. |

Bohnen besitzen alle Kennzeichen von Lebewesen. Bohnen sind Lebewesen.

**c)** Individuelle Lösung.

## 2.

| Lebewesen | Roboter |
|---|---|
| Lebewesen reagieren auf Reize. | Die Roboter reagieren auf Reize, sie nehmen zum Beispiel den Ball wahr und bewegen sich auf ihn zu. |
| Lebewesen haben die Fähigkeit, sich selbstständig zu bewegen. | Die Roboter bewegen sich während des Spiels selbstständig. |
| Lebewesen haben die Fähigkeit, sich fortzupflanzen. | Die Roboter können sich nicht selbst fortpflanzen. |
| Lebewesen können wachsen und entwickeln sich. | Einmal hergestellt und programmiert, verändern sich die Roboter nicht mehr, sie wachsen und entwickeln sich nicht. |
| Lebewesen haben einen Stoffwechsel. | Die Roboter haben keinen Stoffwechsel. |
| Lebewesen bestehen aus Zellen. | Die Roboter bestehen nicht aus Zellen. |

Roboter besitzen nicht alle Kennzeichen von Lebewesen. Die Roboter sind daher keine Lebewesen.

## 3.

Individuelle Lösung, zum Beispiel:
Fenster abgedunkelt, dafür eine starke Lichtquelle im Zimmer, oder Anzucht der Kressesamen in einem Schuhkarton mit einem Loch auf einer Seite, wobei nur durch das Loch Licht in den Karton fallen kann.

# G Grundlegende Anforderungen an Lebewesen

–

# M Lupe und Mikroskop

**1.**
*Gemeinsamkeiten von Lupe und Wassertropfen:*
- Die Schrift wird vergrößert.
- Verändert man den Abstand zwischen Lupe bzw. Wassertropfen und der Schrift verändert sich die Vergrößerung.
- Lupe und Wassertropfen bündeln das einfallende Licht.

**2.**
**a)** Individuelle Lösung (Skizze Klettverschluss unter der Lupe).
**b)** Der Klettverschluss beruht auf dem Prinzip der Widerhäkchen der Klettfrüchte (Abb. 1) und darauf beruht der Name.

**3.**
**a) - c)** Individuelle Lösungen.

**4.**
**a)** Typische Schulmikroskope zeigen folgende Vergrößerungen:
Okular: 10 ×,
Objektive:
10 × (ergibt 10 × 10 = 100fach)
40 × (ergibt 10 × 40 = 400fach)
60 × (ergibt 10 × 60 = 600fach)
**b)** Die Dicke des Striches lässt sich in Relation zu den Ausmaßen eines Millimeters abschätzen.
**c)** Ein menschliches Haar ist etwa 0,07 Millimeter dick.

# 1.3 Lebewesen bestehen aus Zellen

| Thema | Aufgabe |
| --- | --- |
| Vergrößerung und Größenverhältnisse in der Natur | **1.** Abb. 1, 2 |
| Grundlegende Anforderungen an das Pantoffeltierchen | **2** Abb. 5 |
| Die Größe von Zwiebelzellen und Pantoffeltierchen | **3.** Abb. 1, 3, 4, 5 |
| Kleine Zellen und Einzeller | **4** Abb. 5 |

**1.**
Individelle Lösung.
*Hinweis:* Eine alternative technische Lösung wäre es, von dem Fingerabdruck ein Foto zu machen und dieses zu vergrößern.

**2.**
Anforderungen an Lebewesen - Beispiel Pantoffeltierchen:
- aktive Bewegung
- Informationsaufnahme, -verarbeitung und Reaktion
- Stoffwechsel: Energie- und Stoffumwandlung
- Fortpflanzung, Wachstum und Individualentwicklung

**3.**

**a)** *Hinweis:* Zur Vorbereitung bietet es sich an, Millimeterpapier in Originalgröße auf eine Overheadfolie zu kopieren.
Man betrachtet das Millimeterpapier bei mittlerer Vergrößerung durch das Mikroskop und bestimmt den Durchmesser des Sehfeldes. Das Sehfeld in Abbildung 5 hat einen Durchmesser von 1,5 mm. Je nach Mikroskop sowie den verwendeten Okularen und Objektiven kann das Sehfeld eine andere Größe haben. Nun zählt man wie viele Zellen der Länge nach in das Sehfeld passen (ca. 4-6 Zellen) und wie viele der Breite nach (ca. 17 Zellen) und rechnet z. B. wie folgt:

Sehfeld in mm : Anzahl Zellen = Größe in mm

Mittlere Zellbreite:
1,5 mm : 17 = 0,088 mm
Zelllänge:
maximal: 1,5 mm : 4 = 0,375 mm
minimal: 1,5 mm : 6 = 0,25 mm
Die untersuchten Zwiebelhautzellen besitzen eine Länge von etwa 0,25 mm – 0,375 mm (250-375 µm) und eine Breite von etwa 0,088 mm (88 µm).

**b)** Da die Pantoffeltierchen eine Länge von etwa 0,3 mm besitzen, müssten sie bei jeder Vergrößerung etwa ein Drittel der Kantenlange des Quadratmillimeter-Kästchens lang sein.

**4.**

Individuelle Lösung, z. B.
- Aufgrund der geringen Größe können die Stoffe besser über die Zellmembran ausgetauscht werden, weil im Vergleich zu einer großen Zelle eine größere Oberfläche im Verhältnis zum Volumen zur Verfügung steht.
- Außerdem können die Stoffe einfacher in den kleinen Zellen ohne aufwendige Transportsysteme, wie z. B. ein Blutgefäßsystem, verteilt werden. Je kürzer die Wege, desto schneller gelangen die Stoffe dahin, wo sie benötigt werden.
- Kleinere Zellen können sich schneller durch Zellteilung vermehren, weil sowohl die Teilung als auch das Wachstum schneller ablaufen können. Dies bietet Vorteile, wenn bei Vielzellern Zellen absterben und ersetzt werden müssen.

---

# 1.4 Tierische und pflanzliche Zellen

| | |
|---|---|
| Die tierische Zelle — Abb. 2, 3 | Angepasstheiten am Beispiel der Darmzellen — **2.** Abb. 5 |
| Erkennen und unterscheiden von Pflanzenzelle und Tierzelle — **1.** Abb. 1 – 4 | Merkmale pflanzlicher und tierischer Zellen bei Euglena — **3.** Abb. 6 |

**1.**

**a)** Individelle Lösung.
**b)** Im linken Bild sind Chloroplasten und eine Zellwand zu erkennen, es handelt sich um eine Pflanzenzelle. Im rechten Bild c fehlen Zellwand und Chloroplasten, deshalb handelt es sich um Tierzellen. Im mittleren Bild sind zwar keine Chloroplasten zu sehen, aber die Zellen sind durch Zellwände begrenzt, deshalb müssen es Pflanzenzellen sein.

**2.**

**a)** Durch die große Anzahl an Einfaltungen der Zellmembran ist die Oberfläche der Darmzellen stark vergrößert. Im Vergleich zu einer glatten Zellmembran vergrößert sich die Oberfläche dadurch um ein Vielfaches. *Hinweis:* Hier wird das „Prinzip der Oberflächenvergrößerung“ deutlich.

**b)** Diese Einfaltungen ragen in den Innenraum des Darmes. Die vergrößerte Zelloberfläche ermöglicht einen erhöhte Nährstoffaufnahme. Nährstoffe gelangen aus dem Dünndarm in die Zellen und dann ins Blut.

**3.**

Euglena kann nicht eindeutig den Pflanzen oder den Tieren zugeordnet werden. Es gibt Merkmale, wie den Augenfleck oder das Fehlen von Vakuole und Zellwand, die für ein Tier sprechen. Es gibt aber auch Merkmale, wie das Vorhandensein von Chloroplasten, die für eine Pflanze sprechen.
*Mögliche Hypothese:* Zahlenmäßig überwiegen zwar die Merkmale, die dafür sprechen, dass Euglena ein Tier ist. Aufgrund der Tatsache, dass Euglena jedoch Fotosynthese wie alle Pflanzen betreiben kann, gehört es eher zu den Pflanzen. Tierische Zellen sind nicht zur Fotosynthese befähigt.

---

## 1.5 Veränderung von Wissen im Laufe der Zeit

| | |
|---|---|
| Vergleich Wissen über Zellen und Mikroskope — **1.** Abb. 1, 2, 3 | Modelle der Zelle — **3.** Abb. 4, 5 |
| Pflanzenzellen unter dem Licht- und Elektronenmikroskop — **2.** Abb. 4, 5 | Redis neue Theorie zur Entstehung von Leben — **4.** Abb. 1 |

**1.**

**a)** *Mikroskope:*

| 1665 | heute |
|---|---|
| Erstes Lichtmikroskop mit 270facher Vergrößerung, bestehend aus zwei Linsen (Hooke/Leeuwenhoek)<br>– Dunkles Bild<br>– Scharfstellung schwierig<br>– Geringe Vergrößerung | Lichtmikroskope:<br>Bis 1000fache Vergrößerung mit viel besserer Bildqualität<br>Elektronenmikroskop:<br>Viel größere Vergrößerungen möglich<br>Raster-Elektronen-Mikroskope und Raster-Tunnel-Mikroskop:<br>ermöglichen räumliche Bilder |

**b)** *Wissen über Zellen:*

| 1665 | heute |
|---|---|
| Zellen wurden entdeckt<br>– Lebewesen sind aus Einheiten aufgebaut (Hooke)<br>– Zweifel an der bisherigen Vorstellung, dass Leben aus Totem entsteht (Leeuwenhoek) | Zellen sind der Baustein aller Lebewesen und sie sind räumliche Gebilde.<br>– Zellen gehen immer aus Zellen hervor. |

## 2.

**a)** Wenn die Scharfeinstellung des Mikroskops verändert wird, ist deutlich zu sehen, dass dadurch verschiedene Ebenen der Zelle scharf abgebildet werden. Es wird dadurch bewiesen, dass Zellen räumliche Gebilde sind.

**b)** 1. Zellkern
2. Vakuole
3. Zellmembran
4. Chloroplasten
5. Zellwand

**c)**
*Gemeinsamkeiten:* Die wichtigen Zellorganellen sind auf beiden Bildern sichtbar (Zellkern, Chloroplasten, Zellmembran, Zellwand).
*Unterschiede:* Das EM-Bild zeigt weitere Zellorganellen und genauere Strukturen in der Zelle. So sind in den Chloroplasten z. B. weitere Strukturen und ein feinerer Aufbau zu erkennen.

## 3.

Der Schuhkarton entspricht der Zellwand (nur bei Wasserpest, Pflanzenzellen).
Der Gefrierbeutel entspricht der Zellmembran.
Die Kastanie entspricht dem Zellkern.
Erbsen entsprechen den Chloroplasten (nur bei Wasserpest, Pflanzenzellen).

## 4.

Individuelle Lösung, z. B. mithilfe des Schemas des naturwissenschaftlichen Erkenntniswegs.
*Problemfrage:* Wie entsteht Leben?
*Begründete Vermutung 17. Jh.:* Leben entsteht aus totem Material. Die Maden der Fliegen entstehen von allein in verfaulendem Fleisch.
*Experiment (Redi):*
*Ergebnis:*

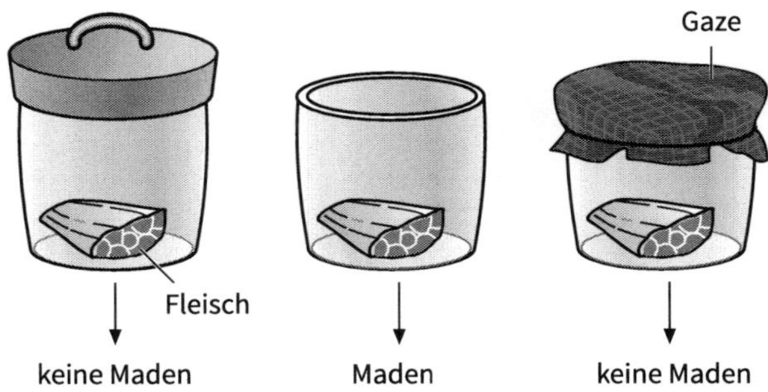


*Auswertung:* Nur in dem offenen Topf konnten Fliegen Eier legen und daraus schlüpfen die Maden.
*Vermutung widerlegt:* siehe oben.
*Neue Vermutung:* Zellen gehen immer aus Zellen hervor. (Fliege – Ei – Made – Fliege ...).

# M Der naturwissenschaftliche Erkenntnisweg

Individuelle Lösung, z. B. folgendes Protokoll, nachdem die rote Zwiebel fein geschnitten wurde und der rote Saft daraus gepresst bzw. in Wasser gelöst wurde. Der Saft aus den roten Zwiebeln kann auch durch roten Kirschsaft ersetzt werden.

*Problemfrage:*
Worin lösen sich Paprikapulver und der rote Zwiebelfarbstoff (Kirschfarbstoff) besonders gut?
*Begründete Vermutung:*
Das Paprikapulver (= roter Farbstoff) löst sich gut in Speiseöl und nicht in Wasser. Der rote Zwiebelfarbstoff (Kirschfarbstoff) löst sich gut in Wasser und nicht in Speiseöl.
*Experiment:*
Es werden vier Reagenzgläser angesetzt: Wasser mit rotem Saft, Öl mit rotem Saft, Wasser mit Paprikapulver und Öl mit Paprikapulver. Flüssigkeit und Farbstoff werden in das Reagenzglas gegeben und mit einem Stopfen verschlossen. Anschließend wird das Reagenzglas geschüttelt und in den Ständer gestellt.
*Ergebnis:*
Individuelle Lösung, z. B. Skizze oder Foto des Experiments.
*Auswertung:*
Die Vermutung ist bestätigt. Deshalb ist der Zwiebelfarbstoff wie auch bei den roten Kirschen im „Wasserspeicher“ Vakuole zu finden. Der Paprikafarbstoff ist in extra Farbstoffkügelchen (vermutlich mit Öl) von einer Membran eingeschlossen.

# 1.6 Zellen, Gewebe, Organ, Organismus - Mensch

| | |
|---|---|
| Bau und Funktion spezialisierter Zellen | **1.** Abb. 1, 3 |
| Hierarchie: von der Zelle zum Organismus | **2.** Abb. 1, 2 |
| Mikroskopieren von Mundschleimhautzellen | **3.** Abb. 4 |

**1.**

| | Gemeinsamkeiten | Unterschiede |
|---|---|---|
| **Aufbau** | Alle spezialisierten Zellen besitzen, abgesehen von den roten Blutzellen, einen Zellkern, die Zellmembran und das Zellplasma | – Bei den roten Blutzellen findet man keinen Zellkern.<br>– Die Nervenzelle besetzt viele fein verzweigte Ausläufer.<br>– ...<br>(Die äußere Form der Zellen ist sehr unterschiedlich.) |
| **Funktion** | Alle Zellen haben eine spezielle Aufgabe bzw. Funktion. | Die Aufgaben sind sehr verschieden: Sie reichen von Informationsweiterleitung bei Nervenzellen über Kontraktion bei Muskelzellen und Transport von Sauerstoff bei den roten Blutzellen bis hin zur Fortpflanzung und der Abwehr von Fremdkörpern und Krankheitserregern bei Geschlechtszellen bzw. weißen Blutzellen. |

**2.**

Individuelle Lösung, z. B. folgende mögliche und sehr übersichtliche Darstellung als Tabelle.

| *Zelle* | *Gewebe* | *Organ* | *Organsystem* | *Organismus* |
|---|---|---|---|---|
| Drüsenzelle | Magenschleimhaut | Magen | Verdauungssystem | Mensch |
| Sinneszelle | Netzhaut | Auge | Nervensystem | Mensch |
| Muskelzelle | Muskelgewebe | Muskel | Bewegungssystem | Mensch |
| Weiße Blutzelle | – | Blut | Immunsystem | Mensch |

**3.**

Individuelle Lösung.

# 2. Informationsaufnahme, Informationsverarbeitung und Reaktion

## 2.1 Die Sinnesorgane des Menschen

| | |
|---|---|
| Sinneszellen und Wahrnehmung von Reizen | **1., 2.** Abb. 1 |
| Reize und passende Sinnesorgane | **3., 4.** Abb. 2, 4 |
| Raumschwelle und deren Bedeutung für den Menschen | **5.** Abb. 3 |

### 1.

Sinneszellen nehmen Einflüsse aus der Umgebung oder dem Körperinneren auf, sogenannte Reize. Jede Sinneszelle wandelt nur für sie passende Reize in elektrische Signale um. Dabei muss nicht nur Art des Reizes passen, sondern auch die Reizstärke. Das Auge wandelt sichtbares Licht in elektrische Signale um. Druck aufs das Auge ist kein passender Reiz. Sinneszellen wandeln Reize in elektrische Signale um, die von Nerven an das Gehirn weitergeleitet werden, wo die Wahrnehmung stattfindet. Ähnliche Sinneszellen sind oft in Sinnesorganen zusammengefasst.

### 2.

Beispiele für technische Hilfen:
- Kompass zur Messung des Magnetfeldes
- Fledermaus-Detektor zum Hörbarmachen von Ultraschalllauten
- Infrarot-Sichtgerät zum Sichtbarmachen von infraroter Strahlung
- Geigerzähler zur Messung radioaktiver Strahlung
- Thermometer zur genauen Messung von Temperaturschwankungen

### 3.

Die Haut nimmt die kalte Temperatur der Luft, den Luftzug und die Feuchtigkeit der Türklinke auf. Die Ohren nehmen Geräusche wie das Klappern der Kleiderbügel, die Schritte, das Stimmengewirr und den summenden Ventilator auf. Mit der Nase werden der Fischgeruch, die stickige Luft, der Kaffeeduft und der Geruch von Kuchen wahrgenommen.

### 4.

| Reize | Sinnesorgane |
|---|---|
| Helle Filmprojektion auf der Leinwand<br>Grüne Notausgangbeleuchtung<br>Roter Vorhang neben der Leinwand<br>Beleuchtung der Treppenstufen | Auge |
| Ton und Musik des Film aus den Lautsprechern<br>Rascheln der Popcorntüten<br>Leise Unterhaltungen der Kinobesucher | Ohren |
| Geruch nach frischem Popcorn<br>Stickige Luft | Nase |
| Geschmack von Cola und von süßem Popcorn | Zunge |
| Weicher Bezug der Kinosessel<br>Kalte Flasche Cola in der Hand | Haut |

### 5.

Die Raumschwelle ist der Abstand zweier gleichstarker Druckreize, die gerade getrennt wahrgenommen werden. Sie ist für verschiedene Körperteile sehr unterschiedlich groß: Zungenspitze, Lippe und Fingerspitze haben besonders kleine Raumschwellen, d. h. zwei sehr nahe Druckreize werden einzeln wahrgenommen (< 5 mm). Zungenrand, Handflache, Stirn und Handrücken unterscheiden Druckreize weniger gut, hier ist die Raumschwelle größer (bis 35 mm). Besonders große Raumschwellen haben Rücken und Oberarm, hier werden zwei Druckreize erst dann getrennt voneinander wahrgenommen, wenn sie ca. 6,8 cm auseinander liegen. Diese unterschiedliche Empfindlichkeit gegenüber nah beieinander liegenden Druckreizen steht im Bezug zur Lebensweise des Menschen: Die Zunge ist sehr empfindlich. Nahrung ist gut zu spüren und exakte Bewegungen beim Sprechen werden ermöglicht. Mit den empfindlichen Fingerspitzen werden Strukturen ertastet. Die Handfläche der menschlichen Greifhand löst beim Greifen sehr viel feiner Druckpunkte auf als der Handrücken.

---

## 2.2 Die optische Wahrnehmung

| | |
|---|---|
| Kontraste sehen | Abb. 1 |
| Räumliches Sehen | Abb. 2 |
| Erfahrungswerte bei der Wahrnehmung | **1.**<br>Abb. 5 |
| Erkennen von Figuren mit dem Gehirn | **2.**<br>Abb. 4, 6 |
| Größenwahrnehmung | **3.**<br>Abb. 3, 7 |

### 1.

Die Abbildung zeigt eine Figur, die unseren Erfahrungen widerspricht: Betrachtet man den rechten Teil, so interpretiert unser Gehirn die gezeichneten Linien als einen U-förmigen Gegenstand, dessen zwei Arme nach links gerichtet sind. Betrachtet man den linken Teil der Figur, so sieht man drei Stäbe von rechts nach links kommend; aus den anfänglich zwei Armen rechts sind links drei geworden. Eine solche Figur widerspricht unseren Erfahrungen und ist nicht logisch. Sie zeigt, das unser Gehirn bei der Konstruktion eines Bildes aus geringer Information (wenige schwarze Linien) eine bestmögliche Interpretation liefert, die in diesem Fall kein Ergebnis bringt, das mit unserem Wissen und unserer Erfahrung vereinbar ist und uns daher irritiert. Legt man einen Stift diagonal über das Bild, so entsteht der Eindruck als wären links und rechts zwei verschiedene, voneinander unabhängige Abbildungen zu sehen. Das wiederum wäre eine mit unseren Erfahrungen vereinbare Lösung.

### 2.

**a)** Ein flüchtiger Blick zeigt ein Gesicht, das einen anblickt. Die nähere Betrachtung zeigt, dass das Gesicht aus Gemüse und Nüssen zusammengesetzt ist. Als Hut hat es eine Schüssel auf dem Kopf. Nach der Drehung um 180° sieht man eine Schüssel, die überquellend mit Gemüse gefüllt ist. In der vorderen Hälfte sind Rüben, eine Zwiebel, eine Kartoffel, Pilze und Nüsse zu sehen, in der hinteren Hälfte sieht man auch viele lange Blätter und weitere Rüben.
**b)** Nach einer erneuten Drehung um 180° sieht man schnell wieder das Gesicht. Die Struktur „Gesicht“ ist in unserem Erfahrungsschatz so stark als bekannt verankert, dass es schwer ist, sich davon zu lösen und nur ein auf dem Kopf stehendes Bild einer Gemüseschüssel zu sehen. Etwas einfacher wird es, wenn man die „Augen“ des Gesichts abdeckt.

### 3.

Die Abbildung zeigt die Zeichnung eines Ganges. Auf dem Boden sind waagerechte und an den Wänden sind senkrechte Linien gezeichnet. Diese werden kleiner bzw. kürzer, je weiter sie sich hinten in dem Gang befinden. An drei Stellen ist eine Person gezeichnet: Vorne, in der Mitte und weit hinten. Die hintere Person erscheint größer als die vordere. Die Messung mit dem Lineal ergibt jedoch, dass die drei Personen gleich groß sind. Normalerweise würde man erwarten, dass die Personen wie auch die senkrechten Linien kleiner werden, je weiter sie sich hinten im Gang befinden.
Es liegt eine optische Täuschung vor. Widersprechen die Erfahrungen diesem neuen Bild, können wir nichts damit anfangen oder wir sind erst einmal irritiert. Dass die hintere Person größer erscheint

als die vordere, liegt daran, dass wir eigentlich in der Entfernung stehende Personen kleiner wahrnehmen. Dadurch, dass die senkrechten Linien nach hinten kleiner werden, erscheint die Person hinten größer, denn sie überragt ja die senkrechten Linien. Die vorne abgebildete Person ist kleiner als die vordere senkrechte Linie. Dadurch kommt die Sinnestäuschung zustande.

---

## 2.3 Reiz-Reaktions-Kette

| | |
|---|---|
| Reiz-Reaktionskette: Torschuss und Straßenverkehr | **1., 2.** Abb. 1, 2 |
| Bestimmung der Reaktionszeit mit dem Lineal | **3.** Abb. 4, 5 |
| Reiz-Reaktion: blinder Mann mit Stock | **4.** Abb. 3 |

**1.**

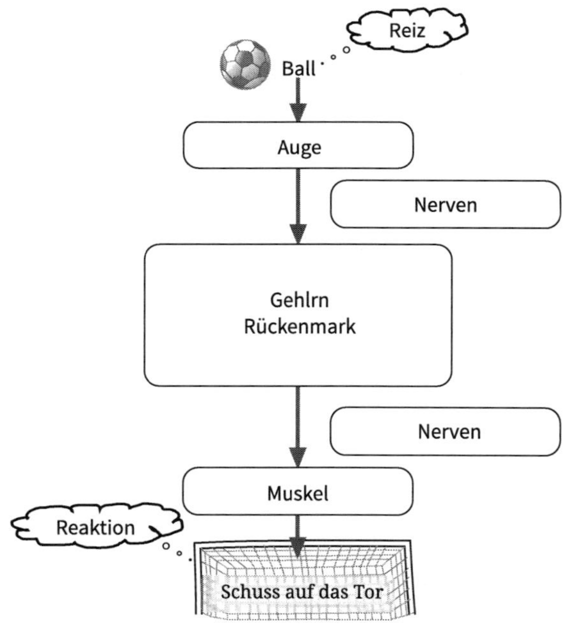


**2.**

Hupsignal (Reiz) ⇒ Ohr ⇒ Nerven ⇒ Gehirn ⇒ Nerven ⇒ Muskeln ⇒ Kopf drehen (Reaktion)

**3.**

*Versuch:*

Ein Schüler hält das Lineal am oberen Ende. Der Partner lässt zwischen Daumen und Zeigefinger soviel Abstand, dass das Lineal mit der 0 cm Markierung genau dazwischen passt. Die Finger dürfen das Lineal nicht berühren.

Der Schüler mit den gespreizten Fingern schaut auf seine Hand und konzentriert sich auf das Lineal. Der haltende Schüler lässt das Lineal plötzlich los und der Partner versucht so schnell wie möglich mit Daumen und Zeigefinder das Lineal zu greifen. Jetzt wird auf dem Lineal die Fallstrecke des Lineals in cm abgelesen. Anschließend wird aus dem Diagramm die Reaktionszeit in Sekunden abgelesen. Beide Werte werden notiert und der Versuch wird dreimal durchgeführt.

*Ergebnis:*

1. Versuch: 4,0 cm ⇒ 0,09 s
2. Versuch: 5,0 cm ⇒ 0,1 s
3. Versuch: 6,0 cm ⇒ 0,11s

*Auswertung:*

Der Schüler hat eine durchschnittliche Reaktionszeit von 0,1 s.

**4.**

Der Stock stößt an ein Hindernis (*Reiz*). Die *Sinneszellen* der Haut wandeln diesen Reiz *in elektrische Signale* um. Diese Informationen werden von den *Nerven* zum *Rückenmark* und zum *Gehirn* geleitet. Dort werden die Informationen *verarbeitet* und eine Entscheidung („Stehen bleiben“) wird getroffen. Dieser *Befehl* wird in Form von elektrischen Signalen über *Nerven* an die *Muskeln* der Beine geleitet. Der blinde Mann bleibt stehen (*Reaktion*).

---

# M Experimente durchführen

## 1.

**a)** In der Gruppe wird für zwei Personen (Person 1, Person 2) die Reaktionszeit mithilfe des Lineal-Versuchs von Seite 35 die Reaktionszeit bestimmt. Dabei ist es wichtig bei der Durchführung auf vergleichbare Bedingungen zu achten: frisch gelüftetes Klassenzimmer, gleiche Beleuchtung und ruhige Arbeitsatmosphäre.

*Bei Person 1 und Person 2* wird die Reaktionszeit in Sekunden mit dem Lineal-Versuch dreimal bestimmt und der Mittelwert der Reaktionszeit in Sekunden ermittelt (*Kontrollversuch*).

*Person 1* trinkt anschließend eine Tasse Schwarztee und nach 15 Minuten wird der Mittelwert der Reaktionszeit in Sekunden wieder bestimmt.

*Person 2* trinkt eine Tasse Wasser und nach 15 Minuten wird ebenfalls der Mittelwert der Reaktionszeit in Sekunden bestimmt (*Kontrollversuch*).

**b)** Individuelle Lösung.

**c)** Individuelle Lösung, z. B. folgendes Ergebnis einer Gruppe.

*Person 1:*

Ohne Schwarztee: 0,12 s Reaktionszeit (Mittelwert aus 3 Versuchen).

15 Minuten nach Genuss einer Tasse Schwarztee: 0,10 s Reaktionszeit (Mittelwert aus 3 Versuchen).

*Person 2:*

Ohne Schwarztee: 0,10 s Reaktionszeit (Mittelwert aus 3 Versuchen).

15 Minuten nach Genuss einer Tasse Wasser: 0,10 s Reaktionszeit (Mittelwert aus 3 Versuchen).

*Auswertung:* Eine Tasse Schwarztee scheint die Reaktionszeit der Person um ca. 0,02 s zu verkürzen. Dies könnte an einem schnelleren Herzschlag und damit erhöhten Leistungsfähigkeit des Körpers liegen.

*Mögliche Fehlerquellen:* Es tritt ein Trainingseffekt bei den Versuchen ein und die Reaktionszeit verkürzt sich dadurch. Die Tee-Sorte könnte nicht geeignet sein und man müsste verschiedene Tee-Sorten ausprobieren. Es kann zu Ablesefehlern kommen. Die äußeren Faktoren waren nicht identisch, weil z. B. während der Versuchsreihe die Lichtbedingungen günstiger wurden.

**d)** Individuelle Lösung.

## 2.

Individuelle Lösung, z. B. folgende Messungen:

*Gemessene Nahpunkte einer Gruppe*: 6,5 cm; 7,0 cm; 6,0 cm

Diskussion Fehlerquellen:

- Ablese- und Rundungsfehler
- Unterschiedliche Lichtverhältnisse im Klassenzimmer
- Verwendeten Lineale sind nicht gleich (Schriftgröße, Farbe)

## 3.

**a)** Individuelle Lösung, z. B. folgende Messungen bei einer Person:

beide Augen geöffnet: 4 von 5 Treffer
rechtes Auge geöffnet: 1 von 5 Treffer
linkes Auge geöffnet: 2 von 5 Treffer

*Auswertung:* Die Trefferquote mit beiden Augen ist am höchsten, weil dadurch erst räumliches Sehen möglich ist. Mit nur einem Auge ist es sehr schwierig, den Abstand bzw. die Position des Stifts abzuschätzen.

**b)** Mit zwei Augen kann der Mensch räumlich sehen und die Positionen von Gegenständen im Raum besser abschätzen.

# 2.4 Suchtmittel beeinflussen die Reaktionsfähigkeit

| | |
|---|---|
| Alkohol im Alltag – Genuss- und Suchtmittel | **2.** Abb. 1, 2, 4 |
| Forderungskatalog zum bewussteren Umgang mit Alkohol | **3.** Abb. 3, 4 |
| Wirkung und Folgen von Alkoholkonsum - Schaubild | **1.** Abb. 3, 4 |

## 1.

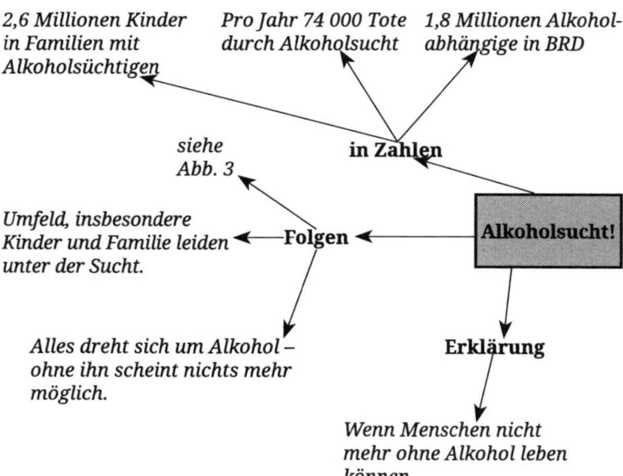


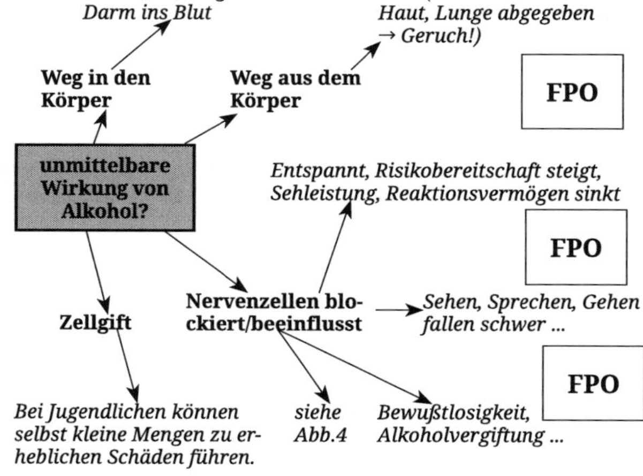


## 2.

Individuelle Lösung, z. B.:

Durch die Alkoholisierung des Mannes (1,44 Promille) ...

- ... war sein Reaktionsvermögen und seine Orientierungsvermögen erheblich gestört. Deshalb hat er vermutlich zu spät in die Rechtskurve eingelenkt und geriet auf die Gegenfahrbahn.
- ... war sein Gesichtsfeld ganz erheblich eingeschränkt (Tunnelblick), sodass er die Rechtskurve zu spät wahrnehmen konnte.
- ... war er leichtsinnig und fuhr mit zu hoher Geschwindigkeit, sodass er in der Rechtskurve auf die Gegenfahrbahn abgetragen wurde.

## 3.

Individuelle Lösung, z. B.

*Die Werbung für alkoholische Getränke soll verboten werden.*

*Zielsetzung:* Durch weniger Werbung für Alkohol sinkt der Konsum von alkoholischen Getränken. Dadurch wird die Zahl alkoholbedingter Unfälle reduziert, die Fälle von Alkoholsucht werden weniger und die Anreize für Jugendliche Alkohol zu trinken sinken.
*Wirksamkeit*: Das Verbot für Werbung könnte sicher die Menge an konsumierten Alkohol und damit die Probleme verringern.
*Durchführbarkeit*: Diese Forderung könnte sicherlich einfach umgesetzt werden, wie es schon bei der Werbung für Zigaretten im Kino und Fernsehen geschehen ist.

*Die Promillegrenze für die Teilnahme am Straßenverkehr sollte für Auto- und Radfahrer auf 0,0 Promille gesenkt werden.*
*Zielsetzung*: Weniger Unfälle, die durch Alkohol verursacht werden.

*Wirksamkeit*: Diese Forderung würde sicher die Anzahl der akoholbedingten Unfälle reduzieren.
*Durchführbarkeit*: Von der Polizei kontrollierbar, wenn sehr harte Strafen die Motivation hoch halten.
*Die Steuer auf Alkohol und damit die Preise für Alkohol sollten stark angehoben werden.*
*Zielsetzung*: Gestiegenen Kosten verringern den Alkoholkonsum und damit die alkoholbedingten Unfälle und Alkoholsuchtfälle.
*Wirksamkeit*: Diese Forderung würde kaum den Alkoholkonsum verringern und sicher die illegale Beschaffung von Alkohol fördern.
*Durchführbarkeit*: Es könnte durch den Gesetzgeber relativ einfach umgesetzt werden.

---

## 2.5 Schutz der Sinnesorgane

| | |
|---|---|
| Schutz der Augen vor Licht | **1.** Abb. 1 |
| Schutz der Haut vor Sonnenbrand | **2.** Abb. 3 |
| Schutz des Gehörs vor Lärm | **3.** Abb. 2 |

**1.**
Berufe: Schweißer, Stahlarbeiter am Schmelzofen, Skilehrer, Busfahrer , Bademeister, Pilot.Tätigkeiten: Skifahren, Autofahren, Sonnenbaden, Bergsteigen.

**2.**
Individuelle Lösung.
Je heller die Haut, desto kürzer ist die unschädliche Verweildauer in der Sonne.
Je dunkler die Haut, desto länger ist die unschädliche Verweildauer in der Sonne.
Je stärker die Sonnenstrahlung, desto kürzer ist die unschädliche Verweildauer in der Sonne.
Je schwächer die Sonnenstrahlung, desto länger ist die unschädliche Verweildauer in der Sonne.

**3.**
Einen möglichst großen Abstand zu den Lautsprechern bzw. zur Schallquelle einhalten.
Das Tragen von Hörschutz, wie z. B. Gummistöpsel.
Die Ohren bei besonders lauten Musikstücken zuhalten.
Die Ohren nicht bereits vor dem Konzert den ganzen Tag dauerhaft einer Beschallung mit lauter Musik aussetzen. Die Ohren brauchen Erholungsphasen.

---

# 3 Aktive Bewegung

## 3.1 Das Skelett des Menschen

| | |
|---|---|
| Aufbau des Skeletts | **2., 3.** Abb. 1–3 |
| Untersuchung des eigenen Körpers | **1.** |
| Vergleich verschiedener Skelette | **4.** Abb. 4 |

### 1.

*Elle:* von der Ellenbogenspitze bis zum Handgelenk (an der Seite, wo der Kleine Finger sitzt).
*Speiche:* am Ellenbogen kaum zu tasten, am Handgelenk auf der Seite, wo der Daumen sitzt.

### 2.

1: Grabbeigaben
2: Schädelknochen
3: Unterkiefer
4: Schulterblatt
5: Rippe
6: Oberarmknochen
7: Wirbelsäule
8: Speiche
9: Elle
10: Beckenknochen
11: Handknochen
12: Oberschenkelknochen

### 3.

Die Wirbelsäule ist aus den Wirbeln und den dazwischen liegenden elastischen Bandscheiben aufgebaut. In ihrem Inneren verlaufen die Nerven des Rückenmarks. Zwischen den Wirbeln ziehen Nerven aus dem Rückenmark in den Körper. Die Bandscheiben bestehen aus elastischem Knorpel und ermöglichen das Verdrehen und Beugen des Rückens. Außerdem werden Belastungen und Stöße, die auf die Wirbelsäule einwirken, gedämpft bzw. abgefedert.

### 4.

*Gemeinsamkeiten*: Der Aufbau der Wirbelsäulen (Wirbel, Bandscheiben, Rückenmark) und die Untergliederung (Hals-, Brust-, Lenden- und Schwanzwirbelsäule) sind ähnlich.
*Unterschiede*: Die *Ringelnatter* verfügt über sehr viele einzelne Wirbel, wovon die meisten mit den Rippen verbunden sind. Die Schwanz- und besonders die Halswirbelsäule sind kurz. Ein Schulter- und Beckengürtel fehlt. Die *Giraffe* hat eine sehr lange Halswirbelsäule und die Dornfortsätze der Wirbel sind im Schulterbereich lang. Der *Hund* besitzt eine relativ lange Schwanzwirbelsäule. Der *Mensch* hat ein kurzes Steißbein als Schwanzwirbelsäule. Die Form der gesamten Wirbelsäule ist relativ gerade im Vergleich zur geschwungenen Form bei Hund und Giraffe.
*Angepasstheiten an die Lebensweise:*
*Ringelnatter:* Sie hat keine Arme und Beine. Die Fortbewegung erfolgt durch schlängelnde Kriechbewegung auf dem Untergrund. Dazu sind viele Rippen mit Verbindung zur Wirbelsäule erforderlich.
*Giraffe und Hund:* Sie bewegen sich jeweils auf vier Beinen fort. Die Vorderbeine sitzen am Schultergürtel an, der jeweils sehr massiv ausgeprägt ist. Hier lastet das ganze Gewicht des kräftigen Oberkörpers und des langen Halses mit dem Kopf auf den stelzenförmigen Beinen. Der weniger kräftige Hinterkörper ruht auf dem Becken und den Hinterbeinen.
*Mensch:* Das Skelett ist an die Fortbewegung auf zwei Beinen angepasst. Das Gewicht liegt auf dem Becken, an dem die Beine ansitzen. Die Wirbelsäule ist eine bewegliche Stütze des Körpers. Der Schultergürtel ist weniger stark ausgeprägt, weil er kaum Gewicht tragen muss. Der Kopf „balanciert“ gewissermaßen auf der Wirbelsäule. Arme und Hände sind sehr beweglich.

## 3.2 Knochen und Gelenke

| | |
|---|---|
| Aufbau und Funktion der Knochen | **1., 2.**<br>Abb. 1, 2, 5 |
| Vergleich von Knochen mit technischen Produkten | **4.**<br>Abb. 6 |
| Aufbau eines Gelenks | Abb. 3 |
| Gelenkmodell bauen und bewerten | **3.**<br>Abb. 3, 4 |

### 1.

Der größte der abgebildeten Knochen ist das Schulterblatt. Es ist Bestandteil des Schultergürtels. Der zweitgrößte Knochen ist der Wirbelknochen. Er ist Bestandteil der Wirbelsäule. Der Handwurzelknochen liegt zwischen den Unterarmknochen und den Fingern. Der Steigbügel ist der kleinste Knochen. Er liegt im Innenohr, einer Höhle im Schädelknochen.

### 2.

**a)** Das Scharniergelenk kann nur in einer Richtung bewegt werden. Die Drehung erfolgt um eine Achse. Das Kugelgelenk kann in alle Richtungen bewegt werden. Das Sattelgelenk kann in zwei Richtungen bewegt werden. Die Drehung erfolgt um zwei Achsen.

**b)** Individuelle Lösung, z. B.
Scharniergelenk: Fußgelenk, Knie
Kugelgelenk: Hüfte

**c)** Individuelle Lösung, z. B.
Scharniergelenk: Türen. Sie erlauben das Öffnen und Schließen der Tür.
Kugelgelenk: Staubsauger, Mischdüse am Waschbecken.

### 3.

Individuelle Lösung.
*Gemeinsamkeiten*: Die Rundhölzer entsprechen den Knochen des Gelenks, die Holzkugel dem Gelenkkopf und der halbe Squashball aus Plastik der mit elastischem Knorpel überzogenen Gelenkpfanne.
*Unterschiede*: Es fehlt die knöcherne Gelenkpfanne und die Gelenkkapsel, welche das Gelenk zusammenhält.
Das Gelenkmodell ist geeignet, um die freie Beweglichkeit des Kugelgelenks in alle Richtungen zu veranschaulichen. Es zeigt, wie die Strukturen von Gelenkpfanne und Gelenkkopf ineinander passen. Der halbe Squashball verdeutlicht die dämpfenden und elastischen Eigenschaften des Knorpels. Das Modell kann nicht die Stabilisierung und den Zusammenhalt des Gelenks durch die Gelenkkapsel vermitteln.

### 4.

Die Knochen sind aus Knochengewebe aufgebaut, Fahrrad und Kran aus Metall. Alle Konstruktionen sind röhrenförmig mit Querverstrebungen aufgebaut und weisen eine hohe Stabilität bei möglichst geringem Gewicht auf.

## 3.3 Muskeln bewegen den Körper - Gegenspielerprinzip

| | |
|---|---|
| Muskeln im Körper | **2.** Abb. 1 |
| Aufbau der Muskeln | Abb. 2 |
| Steuerung und Wirkung von Muskeln | **1.** |
| Das Gegenspieler-Prinzip | **5.** Abb. 3, 4 |
| Mimik und Gestik | **3., 4.** Abb. 5 |

**1.**
Das Gehirn gibt den Befehl ⇒ Leitung durch Nerven zu den Muskeln ⇒ Muskeln ziehen sich zusammen ⇒ Sehnen, die an den Muskeln und den Knochen befestigt sind, ziehen den Knochen in die neue Lage (z. B. der Arm bewegt sich).

**2.**
Individuelle Lösung.

**3.**
Individuelle Lösung.

**4.**
Individuelle Lösung.

**5.**
Das Modell zeigt folgende Prinzipien: Wenn sich ein Muskel (Ballon) verkürzt, wird er dicker, wenn er lang gezogen wird, wird er dünner. Die Sehnen werden im Modell durch die Schnüre dargestellt, das Gelenk durch das Scharnier, die Knochen durch die Leisten. Wird der Beuger (rechter Ballon) kürzer, wird der Strecker (linker Ballon) länger und umgekehrt. Das Gegenspieler-Prinzip wird dadurch deutlich. Das Modell kann aber nicht zeigen, dass die Bewegung eigentlich von den Muskeln ausgeht. Es muss von außen bewegt werden.

## 3.4 Verletzungen und Erkrankungen der Bewegungsorgane

| | |
|---|---|
| Verschiedene Sportverletzungen | **1.** Abb. 2 |
| Vermeidung von Sportverletzungen | **2.** Abb. 1 |
| Helmpflicht für Fahrradfahrer | **4., 5.** Abb. 3 |
| Haltungsschäden und Bewegungsmangel | **3.** Abb. 4 |

**1.**
**a)**

| Verletzung | Schädigung |
|---|---|
| Prellungen | Verletzung von kleinen Blutgefäßen, Bluterguss |
| Muskelzerrung | Überdehnung des Muskelgewebes |
| Verstauchung | Überdehnung der Gelenkbänder, eventuell Bänderriss |
| Verrenkung | Gelenkkopf kehrt nicht in die Gelenkpfanne zurück |
| Knorpelschaden | Abrieb oder Einriss bei Gelenkknorpeln |
| Knochenbruch | Bruch des Knochens, eventuell mit Verletzungen des umliegenden Gewebes |

**b)** Individuelle Lösung, darin z. B.:
Bildung von Blutgefäßen, Narbengewebe umschließt die Bruchstelle, Bildung von neuem Knochengewebe, Calciumeinlagerung.

## 2.

Der Betreffende soll nach dem Unfall Ruhe haben, z. B. Sitzen oder Liegen, vielleicht muss er auch beruhigt werden. Bei Prellungen kann man die Stelle kühlen, damit sie nicht so schnell dick wird. Dazu eignet sich z. B. Gefriergut aus dem Eisfach, um das man ein Tuch wickelt. Eine ähnliche Wirkung hat ein Kompressionsverband. Wenn das verletzte Körperteil hoch gehalten oder hoch gelagert wird, läuft nicht so viel Blut hinein, es wird nicht so schnell dick und die Schmerzen sind weniger groß.

## 3.

**a)** Viele Menschen bewegen sich aufgrund ihres Berufes und ihrer Lebensweise zu wenig. Der Bewegungsmangel bewirkt, dass ihre Rückenmuskulatur wenig trainiert und daher nur schwach ausgebildet ist. Die Muskulatur ist dann nicht in der Lage, bei plötzlichen Bewegungen oder bei falscher Haltung die Wirbel in der richtigen Lage zu halten. Dadurch kann Druck auf Muskeln und Nerven entstehen, der zu Schmerzen führt. Die Schmerzen führen dann dazu, dass sich der betreffende Mensch noch weniger bewegt und die Muskeln noch mehr erschlaffen. Dies führt zu noch mehr Schmerzen. Um sie zu kompensieren, verfällt der Betroffenen in eine Schonhaltung, die langfristig zu noch mehr Schäden führt.

**b)**

**c)** Individuelle Lösung, z. B.:

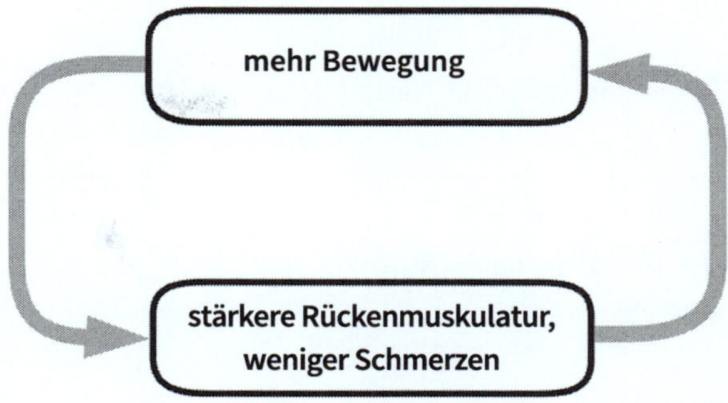


## 4.

Individuelle Lösung, darin z. B.:
*Dafür:* Alle Fahrradfahrer, egal ob Kinder oder Erwachsene sind durch den Helm geschützt. Es gibt weniger Kopfverletzungen, weniger teure Krankenhausaufenthalte, weniger Arbeitsausfälle.
*Dagegen:* Die Helmpflicht hält Menschen vom Fahrradfahren ab, der Bewegungsmangel nimmt bei vielen Menschen zu. Umweltbelastungen steigen, weil viele Menschen auf das Auto umsteigen.

## 5.

Individuelle Lösung, darin z. B.:
1. Eine Melone wird aus 1,5 m Höhe auf einen harten Boden fallen gelassen.
2. Eine passende Melone wird in einem Helm befestigt und mit dem Helm nach unten aus 1,5 m Höhe auf den gleichen Boden fallen gelassen.

# 3.5 Fit durch Bewegung

| | |
|---|---|
| Bewegung fördert die Gesundheit. | Abb. 1<br>Textseite |
| Der Mensch ist an Bewegung angepasst. | **3., 4.**<br>Abb. 2, 4 |
| Menschen bevorzugen unterschiedliche Sportarten. | **1., 2.**<br>Abb. 1, 3 |

**1.**

**a)** Individuelle Lösung z. B.:

| | |
|---|---|
| Klettern | Kraftsport, trainiert den Gleichgewichtssinn und die Skelettmuskulatur besonders stark. |
| Volleyball | Lauf- und Muskeltraining, fördert das Reaktionsvermögen, Schnelligkeit, Beweglichkeit, Spaß und Spannung. |
| Wandern im Gelände | Ausdauertraining, positive Effekte für die Skelettmuskulatur, die Durchblutung und das Herz. |
| Springseil | Leichtes Ausdauertraining, trainiert die Beinmuskulatur und die Skelettmuskulatur insgesamt. |
| Skating | Fitnesstraining. Arme, Beine, Bauch und Rücken werden in hohem Maße gestärkt. Schnelligkeit, Beweglichkeit, Spaß und Spannung. |
| Jogging, Walking | Ausdauertraining, positive Effekte für die Skelettmuskulatur, die Durchblutung und das Herz. |

**b)** Individuelle Lösung z. B.:
Jugendliche und junge Erwachsene bevorzugen oft Sportarten, die Schnelligkeit, Beweglichkeit und Körperbeherrschung erfordern. Ältere Personen machen eher Ausdauersport, je nach ihren Möglichkeiten in mehr oder weniger anstrengender Form. Sie sind nicht mehr so reaktionsschnell und die Knochen sind vielleicht nicht mehr so belastbar – deshalb üben nur wenige Ältere schnelle Sportarten aus.

**2.**

Individuelle Lösung.

**3.**

Früher war Bewegung, besonders das Laufen, lebensnotwendig. Laufen war die Voraussetzung für den Jagderfolg. Nur wer gut laufen konnte, hatte genügend Nahrung. Auch Frauen und Kinder mussten gut laufen können, um bei Gefahr fliehen zu können. Der Körper des Menschen hatte sich an das Laufen angepasst. Nur wenn die entsprechenden Muskeln auch beansprucht, also trainiert, wurden, fühlte sich der Körper wohl. Auch heute vermittelt körperliche Anstrengung ein Wohlgefühl, sodass viele Menschen Sport treiben.

**4.**

Sportler B ist besser trainiert als Sportler A. Dies kann man daran erkennen, dass er in Ruhe und bei mittlerem Lauftempo eine geringere Pulsfrequenz hat und die Pulsfrequenz nach der Belastung schneller wieder sinkt. Dadurch wird das Herz weniger belastet. Auch bei maximaler Belastung ist das Herz leistungsfähiger als das weniger trainierte.

# G Grundwissenkarten und Aufgaben zu den Kapiteln 1- 3

## 1.

**a)** Aktive Bewegung – Informationsaufnahme, Informationsverarbeitung und Reaktion – Stoffwechsel: Stoff- und Energieumwandlung – Fortpflanzung, Wachstum und Individualentwicklung.

**b)** Individuelle Lösung, z. B.

*Informationsaufnahme, Informationsverarbeitung und Reaktion:* Die Eisbären sind durch die weiße Fellfarbe getarnt und können sich ihrer Beute unerkannt nähern. Der hervorragende Geruchssinn ermöglicht es ihnen ihre Beute (z. B. Robben) aus weiter Entfernung zu wittern.

*Stoffwechsel: Stoff- und Energieumwandlung:* Das dicke Fell mit einer darunter liegenden Fettschicht schützt den Körper vor den tiefen Außentemperaturen in der Arktis.

*Aktive Bewegung*: Die kräftigen und flinken Eisbären können sich überraschend Beute nähern.

Die Eisbären erfüllen die aufgeführten Anforderungen und erreichen dadurch diese Fitness, d. h. sie pflanzen sich zahlreich fort.

## 2.

**a)**

**1.** Zellplasma: Darin befinden sich die Zellorganellen.

**2.** Zellkern: Er ist die Steuerzentrale und enthält die Erbinformation.

**3.** Zellmembran: Sie dient der Abgrenzung der Zelle und dem Stoffaustausch.

**4.** Augenfleck: Wahrnehmen von Licht.

**5.** Geißel: Sie dient der Fortbewegung.

**6.** Chloroplasten: Sie betreiben mit dem grünen Blattfarbstoff Fotosynthese.

**b)** Es gibt Merkmale, wie den Augenfleck oder das Fehlen von Vakuole und Zellwand, die für ein Tier sprechen. Andere Merkmale sprechen aber für eine Pflanze, wie das Vorhandensein von Chloroplasten. Zahlenmäßig überwiegen zwar die Merkmale, die dafür sprechen, dass Euglena ein Tier ist. Aufgrund der Tatsache, dass Euglena jedoch Fotosynthese wie alle Pflanzen betreiben kann, gehört es eher zu den Pflanzen.

**c)** Individuelle Lösung, z. B.

Der Zellkern wird verdoppelt und eine zweite Geißel mit Augenfleck wird hergestellt. Die Zellmembran wird eingezogen und die Zelle wird geteilt. Die beiden neuen Zellen enthalten jeweils genau einen Zellkern und eine Geißel. Bis zur nächsten Teilung wachsen die beiden Euglena-Zellen auf die ursprüngliche Größe heran.

**d)** Individuelle Lösung, z. B.

*Stärken*: Das Modell gibt den räumlichen Bau und die Größenverhältnisse der Organellen in einer Zelle wieder. Die Plastikdose steht für die Zellwand und zeigt wie sie der pflanzlichen Zelle ihre Stabilität verleiht. Insgesamt wird die dreidimensionale Anordnung der Organellen verdeutlicht.

*Schwächen*: Das Modell kann nicht zeigen wie das Zusammenspiel von Vakuole und elastischer Zellwand die Stabilität der Pflanzenzelle bewirkt. Die grünen Kugeln können nicht verdeutlichen, wie die Fotosynthese funktioniert.

## 3.

**a)** Individuelle Lösung.

**b)** Individuelle Lösung, z. B.

Sonnenbrille, Skibrille, Arbeitshandschuhe, Ohrenstöpsel, Sonnencreme.

**c)** Die heiße Herdplatte stellt den Reiz dar und wird durch Sinneszellen in der Haut in elektrische Signale umgewandelt. Die Nerven leiten diese Signale weiter zum Rückenmark. Von dort werden die Signale direkt über Nerven zu den Muskeln geleitet. Die Muskeln ziehen sich zusammen und sorgen dafür, dass die Hand von der Herdplatte gezogen wird. Dies ist die Reaktion dieser Reiz-Reaktions-Kette.

Heiße Herdplatte (Reiz) ⇒ Nerven ⇒ Rückenmark ⇒ Nerven ⇒ Muskeln ⇒ Wegziehen der Hand (Reaktion).

## 4.

**a)**

1. Wirbelsäule
2. Schädel
3. Becken
4. Schulterblatt oder Schlüsselbein
5. Brustbein
6. Rippen
7. Oberschenkelknochen
8. Oberarmknochen
9. Speiche
10. Elle
11. Hand- oder Fingerknochen

**b)** Schultergelenk – Kugelgelenk
Ellenbogengelenk – Scharniergelenk
Fingergelenk – Sattelgelenk
Kniegelenk – Scharniergelenk
Fußgelenk (Sprunggelenk) – Scharniergelenk

**c)**

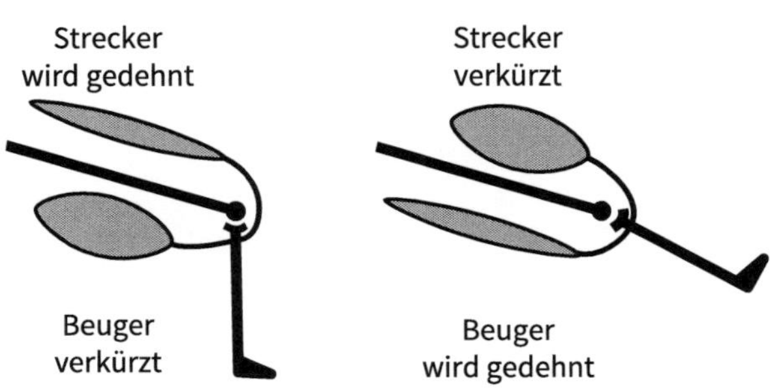


*Gegenspielerprinzip:* Wird das Bein angewinkelt (gebeugt), so ist der Beugemuskel verkürzt (dick, zusammengezogen) und der Strecker wird dadurch gedehnt (dünn). Beim Strecken des Beins ist der Streckmuskel zusammengezogen (verkürzt, dick) und der Beugemuskel wird gedehnt (dünn). Muskeln können sich nur aktiv zusammenziehen (verkürzen) und zur Dehnung brauchen sie deshalb einen Gegenspieler.

---

# 4 Stoffwechsel: Stoff- und Energieumwandlung

## 4.1 Nahrung liefert Stoffe und Energie für den Körper

| | |
|---|---|
| Der Körper benötigt energiehaltige Nahrung | **1.a, 2.** Abb. 1, 2 |
| Energiebedarf in Ruhe und in Aktion | **1.b, 3., 4.** Abb. 3, 4 |
| Das Wachstum von jungen Menschen | **5.** Abb. 5 |

### 1.

**a)** 100 Gramm Roggenbrot → 950 kJ
100 Gramm Joghurt → 297 kJ
100 Gramm Kartoffeln → 318 kJ
100 Gramm Forelle → 423 kJ
Nein, sie kann ihren täglichen Energiebedarf bei weitem nicht decken. Der Energiegehalt beträgt insgesamt nur 1988 Kilojoule; es entsteht ein Defizit von 7012 Kilojoule.
**b)** 300 Gramm Spaghetti ergeben einen Energiegehalt von 4632 Kilojoule.
3 • 1544 kJ = 4632 kJ
Damit könnte die Person ungefähr drei Stunden (10-11 km/h) laufen.

### 2.

| | | | |
|---|---|---|---|
| | 35 g Kohlenhydrate • 17 kJ/g | = | 595 kJ |
| + | 30 g Eiweiß •17 kJ/g | = | 510 kJ |
| + | 27 g Fett • 39 kJ/g | = | 1053 kJ |
| | Gesamtsumme | = | 2158 kJ |

Der Energiegehalt des Hamburgers beträgt 2158 Kilojoule.

### 3.

Beispiele für die Sätze:
„100 g Joghurt liefern knapp 300 kJ. Das ist weniger als mit einer Stunde ruhigem Stehen verbraucht wird.“
„100 g Spaghetti liefern etwa 1550 kJ. Das deckt ungefähr den Bedarf, der bei 2 Stunden Gehen mit einer Geschwindigkeit von 3 km/h entsteht.“

### 4.

Individuelle Lösung, darin z. B.:
Herzschlag, Aufrechterhaltung der Körpertemperatur, Atmung, Lebensvorgänge aller Organe, Verdauung

### 5.

In den ersten Monaten ist das Wachstum des Kindes sehr groß. Dementsprechend benötigt es im Verhältnis zur Körpergröße viel energiereiche Nahrung und „Baustoffe“ zum Wachstum. In den folgenden Jahren flacht das Wachstum ab. Es werden also weniger Baustoffe benötigt. In der Pubertät, die bei Mädchen früher als bei Jungen beginnt, setzt das Wachstum noch einmal verstärkt ein. In dieser Zeit ist der Nahrungsbedarf also wieder sehr hoch, nimmt danach aber ab.

# 4.2 Ohne Energie geht nichts

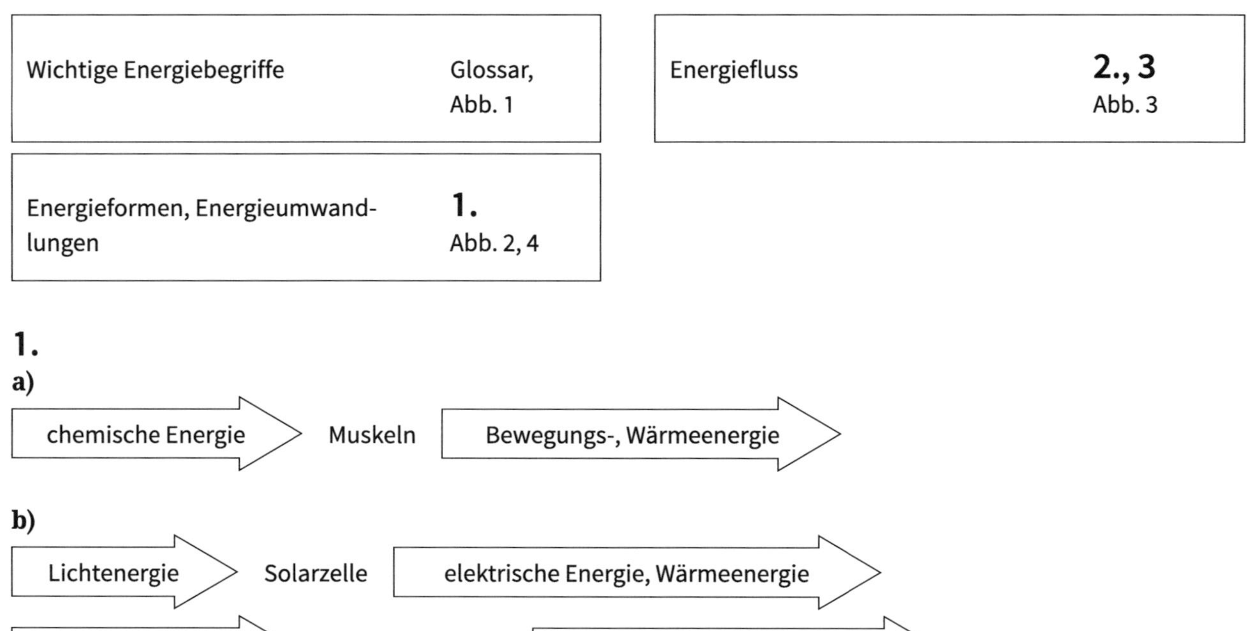


**2.**

**a)** Im Laufe des Energieflusses folgen verschiedene Energieumwandlungen aufeinander. Energiewandler wandeln eine Energieform in andere Energieformen um. Die Lichtenergie der Sonne wird in den grünen Blättern der Pflanzen in chemische Energie (Nährstoffe) und Wärmeenergie umgewandelt. Der Mensch isst die Pflanze und wandelt die chemische Energie der Nährstoffe beim Fahrradfahren in Bewegungsenergie und in Wärmeenergie um. Wenn der Dynamo am Fahrrad eingeschaltet ist, wandelt dieser einen Teil der Bewegungsenergie in elektrische Energie um, mit der eine Lampe betrieben werden kann, die die elektrische Energie wiederum in Strahlungsenergie (Licht) und Wärmeenergie umwandelt.
Bei jeder Energiewandlung wird Wärme abgegeben, die nicht weiter genutzt werden kann (Energieentwertung).

**b)**

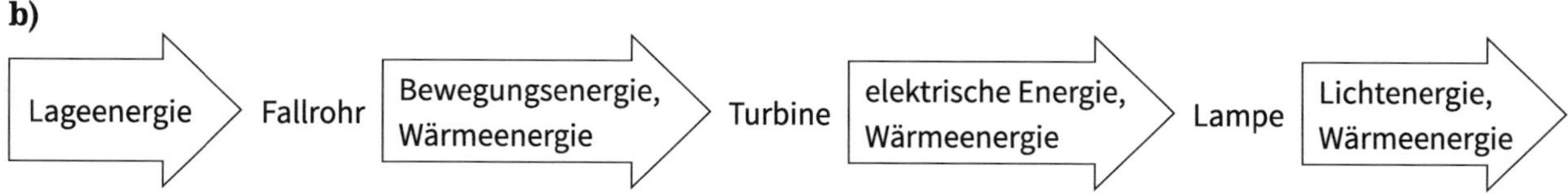


**c)** Lichtenergie wird von der Sonne in das System der Erde von außen zugeführt. Pflanzen können mithilfe des grünen Blattfarbstoffs in den Chloroplasten Fotosynthese betreiben. Dabei wird Lichtenergie in chemische Energie umgewandelt, die so für alle Lebewesen auf der Erde nutzbar wird, für die Pflanzen selbst und für Tiere und Menschen, deren Nahrungsgrundlage Pflanzen sind (für Pflanzenfresser direkt, für Fleischfresser indirekt). Die meisten Energieträger beruhen auf der durch Fotosynthese genutzten Energiezufuhr durch die Sonne, z. B. nachwachsende Energieträger wie Brennholz und Pflanzenöle, aber auch fossile Energieträger wie z. B. Erdöl und Kohle, die aus Substanzen früherer Lebewesen entstanden sind. Wichtig für das Leben auf der Erde ist auch der Umstand, dass Sonnenlicht an der Erdoberfläche zum Teil in Wärme gewandelt wird.

**3.**

Bei jeder Energiewandlung wird Wärme abgegeben, die nicht weiter genutzt werden kann. Diese Energieentwertung führt dazu, dass immer weniger Energie nutzbar bleibt. Die horizontalen Pfeile sind jedoch von Schritt zu Schritt gleich groß gezeichnet. Die Energieentwertung wäre im Diagramm darstellbar, indem man die horizontalen Pfeile mit jedem Schritt kleiner werden ließe.

---

## M Einfache Diagramme

**1.**

Das Diagramm zeigt den Wildbestand in drei Jagdrevieren. Angegeben ist jeweils der Bestand an Hirschen, Rehen und Wildschweinen. Eine Einheit ist nicht angegeben, deshalb lassen sich nur vergleichende Aussagen machen. Im Augustenhof ist der Wildbestand insgesamt etwas höher als in den beiden anderen Jagdrevieren. In allen drei Jagdgebieten gibt es deutlich mehr Rehe als Hirsche und Wildschweine. Im Grindwald sind besonders wenig Hirsche vorhanden.

---

## 4.3 Nährstoffe sind wichtige Bestandteile der Nahrung

| Nahrungsmittel enthalten unterschiedliche Nährstoffe | **1.** Abb. 1-3 |
|---|---|
| Nachweis von Nährstoffen | **2.-5.** Abb. 4 |
| Wassernachweis und Wassergehalt im Apfel | **6.** |

**1.** a)

| Kohlenhydrate | g/100 g |
|---|---|
| Hühnerfleisch | 0 |
| Schweinefleisch | 0 |
| Gänsefleisch | 0 |
| Eier | 1 |
| Spinat | 1 |
| Gurken | 2 |
| Champions | 2 |
| Vollmilch | 5 |
| Fruchtjoghurt | 10 |
| Nüsse | 11 |
| Kartoffeln | 19 |
| Bananen | 24 |
| Vollkornbrot | 41 |

| Fette | g/100 g |
|---|---|
| Gurken | 0 |
| Honig | 0 |
| Bananen | 0 |
| Spinat | 0 |
| Champions | 1 |
| Kartoffeln | 1 |
| Vollkornbrot | 1 |
| Weißbrot | 1 |
| Reis | 1 |
| Fruchtjoghurt | 2 |
| Vollmilch | 3 |
| Hühnerfleisch | 12 |
| Eier | 12 |

| Kohlenhydrate | g/100 g |
|---|---|
| Weißbrot | 48 |
| Reis | 78 |
| Honig | 79 |

| Fette | g/100 g |
|---|---|
| Schweinefleisch | 27 |
| Gänsefleisch | 44 |
| Nüsse | 61 |

| Eiweiße | g/100 g |
|---|---|
| Gurken | <1 |
| Honig | <1 |
| Bananen | 1 |
| Kartoffeln | 2 |
| Spinat | 2 |
| Champions | 3 |
| Vollmilch | 3 |
| Fruchtjoghurt | 3 |

| Eiweiße | g/100 g |
|---|---|
| Weißbrot | 7 |
| Reis | 7 |
| Vollkornbrot | 8 |
| Nüsse | 13 |
| Eier | 13 |
| Gänsefleisch | 13 |
| Schweinefleisch | 17 |
| Hühnerfleisch | 22 |

**b)**

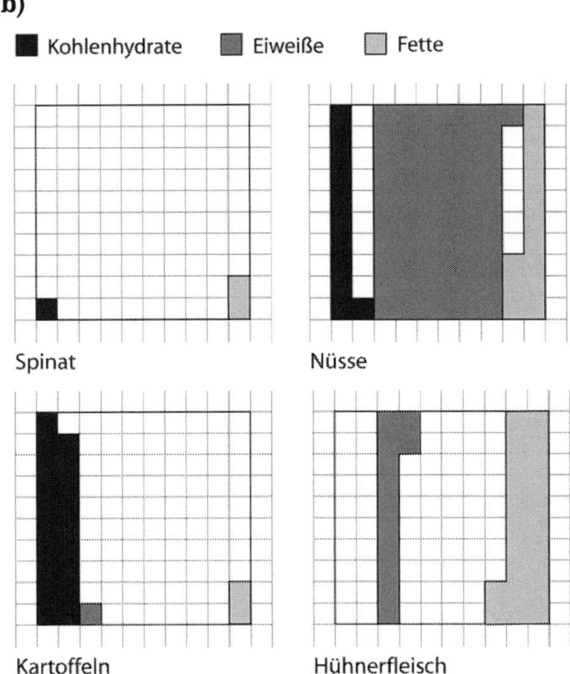


## 2.

Individuelle Lösung, z. B.:

*Beobachtung:* Wenn Milch einige Tage im Warmen steht, wird sie sauer und es bilden sich weiße Flocken.

*Problemfrage:* Kann man das Eiweiß in Lebensmittel durch Zugabe von Säuren ausflocken und damit Eiweiß nachweisen?

*Vermutung:* In eiweißhaltigen Lebensmitteln wie z. B. Milch kann man mithilfe von Essigsäure das Eiweiß ausflocken (gerinnen) lassen und damit das Eiweiß nachweisen.

*Experiment:* Gib mit einem Messzylinder jeweils 10 ml Eiklar (Eiweiß), 10 ml Cola und 10 ml Apfelsaft in drei verschiedene Reagenzgläser. Gib jeweils 10 Tropfen Essig dazu.

*Ergebnis:* Das Eiklar gerinnt nach Zugabe von Essig. Prüft man auf die gleiche Weise Cola und Apfelsaft, kann man keine Gerinnung feststellen.

*Auswertung:* Die beiden Getränke (Cola und Apfelsaft) enthalten kein Eiweiß. Das Eiklar enthält Eiweiß. Essig ist als Säure wie z. B. auch Zitronensaft für den Eiweißnachweiß geeignet.

## 3.

Individuelle Lösung, z. B.:

*Beobachtung:* Ein Fettfleck auf einen Blatt Papier sorgt dafür, dass das Papier an dieser Stelle durchscheinend wird.

*Problemfrage:* Welche Lebensmittel enthalten viel Fett und sorgen für eine positive „Fettfleckprobe"?

*Vermutung:* Wurst, Käse und Butter enthalten viel Fett. Brot und Äpfel enthalten kaum Fett.

*Experiment:* Nimm ein Blatt Papier, streiche mit dem jeweiligen Lebensmittel etwas drüber und halte das Blatt gegen das Licht. Kontrolliere deine Ergebnisse nach einer gewissen Trockenzeit nochmal.

*Ergebnis:* Diese Fettfleckprobe ist bei Wurst und Käse positiv. Der Fleck bleibt bestehen. Bei Brot und Apfel entsteht kein dauerhafter Fleck, die Probe ist negativ.

*Auswertung:* Wurst und Käse enthalten Fett. Brot und Apfel enthalten kein Fett.

## 4.

Es werden die Abschnitte *Ergebnis* und *Auswertung* des Versuchsprotokolls ausgearbeitet.

Individuelle Lösung, z. B.:

*Ergebnis:* Versetzt man Bananen und Äpfel mit Iod-Kaliumiodid-Lösung, tritt keine blauviolette Farbe auf. Versetzt man eingeweichtes Brot und Nudeln mit der Iod-Kaliumiodid-Lösung, beobachtet man eine intensive blauviolette Farbe.

*Auswertung:* Die beiden Früchte (Banane, Apfel) enthalten keine Stärke. Brot und Nudeln enthalten Stärke.

## 5.

Es werden die Abschnitte *Ergebnis* und *Auswertung* des Versuchsprotokolls ausgearbeitet.

Individuelle Lösung, z. B.:

*Ergebnis:* Testergebnisse: Orangensaft (+), Mineralwasser (–), Cola (+), Cola-Light (-), Apfel (+), Zwiebel (+), Gurke (+), ...

*Auswertung:* Orangensaft, Cola, Apfel, Zwiebel und Gurke enthalten Traubenzucker. Mineralwasser und Cola-Light enthalten keinen Traubenzucker.

**6.**

Individuelle Lösung z. B:

Experiment, um zu prüfen, ob der Apfel Wasser enthält: Man zerschneidet einen Apfel auf dem Holzbrett in mehrere kleine Stücke, füllt die Stücke in einen Plastikbeutel und bindet ihn ganz fest zu. Man legt den Beutel entweder in die Sonne oder auf die Heizung und schaut nach einigen Stunden, ob an der Innenseite des Plastikbeutels Kondenswasser entstanden ist. Man öffnet den Beutel und prüft Aussehen, Geruch und Geschmack der Flüssigkeit.

Mögliches Experiment zum Bestimmen des Wassergehaltes: Man schneidet eine große, dünne Scheibe vom Apfel ab, wiegt die Scheibe und notiert die Masse in Gramm. Man legt die Apfelscheibe auf die Plastikschale und stellt sie für einige Tage in die Sonne oder auf die Heizung zum Trocknen. Anschließend wiegt man sie erneut. Mit der Differenz der beiden Massen kann man den Wassergehalt der Apfelscheibe bzw. die Menge an verdunstetem Wasser ermitteln (z. B. 20 Gramm - 16 Gramm = 4 Gramm; das ergibt einen Wassergehalt von 80 %). Der ermittelte Wassergehalt gilt für den ganzen Apfel.

---

## 4.4 Vitamine, Mineralsalze, Ballaststoffe

| | |
|---|---|
| Wichtige Bestandteile der Nahrung | Text<br>Abb. 2. |
| Skorbut – eine Vitamin-C-Mangelkrankheit und Nachweis von Vitamin-C | **1., 4.**<br>Abb. 1, 3 |
| Vorkommen von Vitaminen und Angaben auf Lebensmitteletiketten | **2., 3.**<br>Abb. 2 |
| Mangelerkrankung bei U-Bootfahrern | **5.**<br>Abb. 2 |

**1.**

Lind gab an Skorbut erkrankten Personen eine Basiskost, die durch verschiedene Substanzen ergänzt wurde. Je zwei Personen erhielten die dieselben Substanzen, entweder Apfelwein, verdünnte Schwefelsäure, Essig, Meerwasser oder Zitrusfrüchte. Nur bei den Personen, die Zitrusfrüchte erhielten, gingen die Symptome zurück.
In folgenden Versuchen erwiesen sich auch frische Kartoffeln, Sauerkraut und Kräuter wie Scharbockskraut und Löffelkraut als wirksam gegen Skorbut. Daher kommt auch der Name des Scharbockskrauts (Scharbock = Skorbut).

**2.**

| Vitamin | mögliche Quellen |
|---|---|
| Vitamin C | Sauerkraut, frische Paprika, Obst |
| Vitamin D | Käse, Fisch, Pilze |
| Vitamin K | Tomaten, Kohl, Fleisch Milchprodukte |
| Vitamin A | Butter, Eier, Fleisch, Möhren |
| Vitamin E | Pflanzliche Öle, Fenchel, Eier, Nüsse |
| B-Vitamine | Getreideprodukte, Fleisch, Avocado, Bananen |

**3.**

Individuelle Lösung.

**4.**

Individuelle Lösung.

**5.**

Individuelle Lösung, z. B.:

Im U-Boot sind die Seemänner nicht dem Sonnenlicht ausgesetzt. Durch das fehlende Sonnenlicht kann sehr wenig Vitamin D gebildet werden und es kommt zu einem Vitamin D-Mangel bei den U-Bootfahrern. Das Vitamin-D ist beim Menschen für den Aufbau und die Härtung der Knochen und Zähne verantwortlich. Durch das fehlende Vitamin-D nimmt während einer fünf Wochen langen Tauchfahrt die Knochensubstanz der Männer ab.

---

# 4.5 Verdauung der Nahrung

| | |
|---|---|
| Weg der Nahrung bei der Verdauung | **1.** Abb. 1, 3 |
| Nährstoffgruppen und deren Abbau | **2.** Abb. 2 |
| Nahrung, Gebiss und Darmlänge | **3.** Abb. 4 |

**1.**

*Verdauung im Mund:*
Mechanische Zerkleinerung mit den Zähnen, Vermischung mit dem Mundspeichel aus den Speicheldrüsen, Zerlegung eines kleinen Teils der Stärke in deren Bausteine
↓
*Speiseröhre:*
Portionsweise Zufuhr von Nahrungsbrei aus dem Mund, Schubweise Weiterbeförderung über etwa 25 cm in den Magen
↓
*Magen:*
Durchkneten des Nahrungsbreis durch kräftige Muskeln der Magenwand, Vermischung mit Magensaft aus Drüsen in der Magenwand, Aufquellung und Gerinnung von Eiweißen durch Salzsäure im Magensaft, Beginn des Abbaus der Eiweiße
↓
*Dünndarm:*
Aufnahme des Nahrungsbreis aus dem Magen durch den ersten Teil, den Zwölffingerdarm, Zufuhr von Verdauungssäften aus der Bauchspeicheldrüse und der Leber über die Schleimhaut, Endgültige Zerlegung der Nährstoffe in die Bausteine:
Stärke ⇒ Glucose (Traubenzucker)
Eiweiße ⇒ Aminosäuren
Fette ⇒ Fettsäuren und Glycerin
Abgabe der Bausteine der Nährstoffe über Darmfalten und Darmzotten in das Blut
↓
*Dickdarm:*
Aufnahme unverdaulicher Nahrungsreste aus dem Dünndarm, Entzug von Wasser und Mineralsalzen, Abgabe des Kots durch den After

**2.**

**a)**
Im oberen Teil der Abbildung 2 sind durch Symbole ein Stärketeilchen (als Beispiel für die Gruppe der Kohlenhydrate), ein Eiweißteilchen und ein Fettteilchen vor der Verdauung dargestellt. Im Stärketeilchen (hier blau gefärbt) sind die Traubenzuckerteilchen als Sechsecke miteinander zu einer Kette verbunden. In einem Eiweißteilchen (hier grün dargestellt) haben die miteinander verbundenen Aminosäuren unterschiedliche Formen. Das Fettteilchen (gelb) ist aus drei ähnlichen Teilchen, die an ein großes Teilchen gebunden sind, aufgebaut.
Der untere Teil der Abbildung zeigt die zerlegten Nährstoffe nach der Verdauung durch Wirkstoffe: Das Stärketeilchen wurde in die einzelnen sechseckigen Traubenzuckerteilchen gespalten. Die unterschiedlichen Aminosäuren aus dem Abbau des Eiweißteilchens liegen nun einzeln vor. Das Fettteilchen wurde in die vier Bausteine zerlegt.
*Möglicher Merksatz:*
Bei der Verdauung werden großen Nährstoffe in ihre kleineren Bausteine aufgespaltet. Dies geschieht durch Wirkstoffe.

**b)** Individuelle Lösung, z. B.:
- Ja, weil die Nahrung aus sehr viel mehr Bestandteilen besteht, die viel komplexer aufgebaut sind.
- Ja, es ist hier nur die Spaltung in kleinere Bestandteile dargestellt, was einen wesentlichen Vorgang der Verdauung darstellt. Allerdings wird die Aufnahme der Nährstoffbestandteile ins Blut nicht dargestellt.
- Nein, es wird nicht gezeigt wie die Wirkstoffe die Nährstoffe spalten.
- Ja, weil sie darstellt, wie kleine wasserlösliche Teile entstehen. Diese können im Anschluss vom Darm ins Blut übergehen.

**3.**

Das Gebiss ist an Nahrung und Lebensweise angepasst: Fleischfresser wie die Katze haben Reißzähne und spitze Backenzähne zum Zerkleinern des

Fleisches. Das Rind als Pflanzenfresser hat breite Mahlzähne.
Der Darm ist bei Pflanzen fressenden Tieren (Rind) sehr lang. Das ist wichtig, da es lange dauert, Gras u. a. Pflanzen in ihre Bausteine zu zerlegen. Fleischfressende Tiere (Katze) haben einen kurzen Darm, die Zerlegung des „leicht" verdaulichen Fleisches in seine Bausteine geht schneller. Der Mensch als Allesfresser steht mit seinem vielseitigen Gebiss und einem mittellangen Darm zwischen reinen Fleisch- und reinen Pflanzenfressern.

---

# M Kennzeichen und Eigenschaften von Modellen

## 1.

**a)**
Modell oben links: $2 \cdot 5\ cm^2 + 14 \cdot 4\ cm^2 = 66\ cm^2$
Modell mitte links: $4 \cdot 4\ cm^2 + 8 \cdot 3\ cm^2 + 4 \cdot 2\ cm^2 = 48\ cm^2$
Modell mitte: $9 \cdot 5\ cm^2 + 3 \cdot 4\ cm^2 + 3 \cdot 2\ cm^2 + 1 \cdot 3\ cm^2 = 66\ cm^2$
Modell mitte unten: $4 \cdot 4\ cm^2 + 12 \cdot 3\ cm^2 = 52\ cm^2$
Modell rechts oben: $8 \cdot 3\ cm^2 + 8 \cdot 2\ cm^2 = 40\ cm^2$
Modell unten rechts: $2 \cdot 5\ cm^2 + 2 \cdot 4\ cm^2 + 8 \cdot 3{,}5\ cm^2 + 4 \cdot 2\ cm^2 = 54\ cm^2$

**b)** Prinzip der Oberflächenvergrößerung: Ein Körper vergrößert seine Oberfläche durch die Anzahl und die Länge der Ausstülpungen.
**c)** Individuelle Lösungen, z. B.
*Gemeinsamkeiten:*
- Mit der Anzahl der Ausstülpungen steigt die Oberfläche von Darm und Würfelmodell.
- Der Darm und das Würfelmodell sind aus Untereinheiten aufgebaut (Zellen und Würfeln).
- ...

*Unterschiede:*
- Der Dünndarm ist aus verschiedenen Gewebsschichten und Zellen aufgebaut. Dagegen besteht das Würfelmodell aus gleichartigen Würfeln.
- Der Dünndarm wird in verschiedenen Vergrößerungen dargestellt. Das Würfelmodell zeigt immer einen Körper bestehend aus 16 gleich großen Würfeln.
- ...

Das Würfelmodell kann lediglich das Prinzip der Oberflächenvergrößerung darstellen, weil es ein Strukturmodell ist. Dagegen kann es nicht die Nährstoffaufnahme durch die Darmoberfläche zeigen oder dessen Aufbau aus verschiedenen Gewebsschichten zeigen.
**d)** Kennzeichen und Eigenschaften von Modellen am Beispiel des Würfelmodells:
- Es stellt die Wirklichkeit in vereinfachter Form dar: Würfel stehen für Zellen des Gewebes.
- Es hebt hervor, was der Ersteller für wesentlich hält: Ausstülpungen vergrößern Oberfläche.
- Es dient der Veranschaulichung eines biologischen Sachverhalts: Prinzip der Oberflächenvergrößerung.

## 2.

**a)** Petra will das Prinzip der Oberflächenvergrößerung des Dünndarms veranschaulichen. Dafür legt sie vier DIN-A4-Blätter glatt hintereinander und klebt sie mit Tesafilm zusammen. Dies steht für einen Darm ohne Ausstülpungen. Sie reiht jetzt acht DIN-A4-Blätter hintereinander und klebt sie mit Tesafilm aneinander. Außerdem faltet sie diese Blattreihe an den Klebestellen ziehharmonikaartig, sodass sie auf die nicht gefaltete Blattreihe genau passt. Das gefaltete Dünndarmmodell hat genau die 2-fache Oberfläche vom nicht gefalteten Dünndarmmodell (8 Blattflächen gegenüber 4 Blattflächen).
**b)** Das Papiermodell eignet sich gut zur Veranschaulichung der Oberflächenvergrößerung. Die Verdoppelung der Oberfläche durch die Faltungen bei gleicher Grundfläche wird sehr gut verdeutlicht, weil die eingefaltete Papierfläche direkt auf der glatten Papierfläche liegt.
**c)** Individuelle Lösung. Verbesserungsmöglichkeiten z. B.:
- gefaltete und glatte Papierfläche durch verschiedenen Farben hervorheben,

– größeres Modell mit einer zu einem Rohr gebogenen, glatten Papierfläche und im Inneren des Papierkreises die gefaltete Papierfläche anordnen. Damit würde ein engerer Bezug zum Darmrohr hergestellt.

**3.**

**a)** Beim Modellversuch darf nur das Tuchmaterial verändert werden. Alle anderen Faktoren wie die Grundfläche der Tücher müssen gleich bleiben, damit die Versuchsergebnisse auf die Saugkraft der unterschiedlichen Tuchmaterialien schließen lassen.
**b)** Individuelle Lösungen, z. B.
Das Frotteetuch kann mehr Wasser festhalten, weil es durch die vielen Ausstülpungen des Stoffes eine viel größere Oberfläche hat. Damit ist auf der gleichen Grundfläche viel mehr saugfähiger Stoff vorhanden und kann mehr Wasser aufnehmen.
**c)** Das Frotteemodell ist besser geeignet, weil es genauso wie der Darm viele Ausstülpungen aufweist.
**d)** Der Modellversuch zeigt, dass eine Stoffoberfläche mit vielen Ausstülpungen mehr Wasser aufnehmen kann als eine relativ glatte Stoffoberfläche. Damit ist dieser Modellversuch geeignet zu zeigen, dass durch die Oberflächenvergrößerung der Darmschleimhaut die Aufnahme von Nährstoffen steigt.
**e)** Es wurden nicht berücksichtigt,
– dass der Darm nicht aus Frottee besteht, sondern aus lebenden Zellen.
– dass neben Wasser im Darm auch Nährstoffe aufgenommen werden.
– dass die Nährstoffe nicht einfach aufgesaugt werden, sondern von den Darmzellen durch Membranen hindurch aufgenommen werden und anschließend ins Blut abgegeben werden.

**4.**

Individuelle Lösung, z. B.: Genau 50 ml Wasser werden in den Filter mit dem glatten Rundfilter gegossen und die Zeit gestoppt bis 25 ml Wasser in das darunter stehende Becherglas geflossen sind. Anschließend wird der gleiche Versuch mit dem Faltenfilter wiederholt und die Zeit gestoppt. Durch den Faltenfilter fließen die 25 ml Wasser schneller, weil durch die Einfaltungen für den Wasserdurchtritt eine größere Oberfläche zur Verfügung steht. Das Wasser soll für die Nährstoffe stehen und der Faltenfilter aus Papier soll die stark ausgestülpten Zellmembranen der Darmzellen repräsentieren. Das Wasser (Nährstoffe) wird in das Becherglas (Darmzelle) durch den Faltenfilter (Zellmembran) aufgenommen.

---

# 4.6 Ausgewogene gesunde Ernährung

| Thema | Aufgabe |
|---|---|
| Schlaraffenland, ein gesundes Leben? | **1.** Abb. 1 |
| Zusammenhang von Energie und Bewegung | **3.** Abb. 2 |
| Ernährung früher und heute | **4.** Abb. 4, 5 |
| Gesunde Ernährung | **2.** Abb. 3 |

**1.**

Individuelle Lösung, darin z. B.:
Die Menschen liegen untätig herum, niemand muss arbeiten. Überall ist schon zubereitete Nahrung, diese bewegt sich sogar zu den Menschen hin. Die Menschen sind dick und vollgefressen.
Das Schlaraffenland zeigt, wie sich die Menschen des späten Mittelalters in ihrem arbeitsreichen und entbehrungsreichen Leben ein glückliches Leben vorstellen: Keine Arbeit, keine Anstrengung, beste Nahrung in Hülle und Fülle.
Ein Leben im Schlaraffenland ist der Gesundheit abträglich. Da keine Bewegung und Anstrengung vorkommt, übersteigt die zugeführte Energie bei weitem den Verbrauch. Die Menschen werden dick und krank.

**2.**
Individuelle Lösung.

**3.**
Die Waage verdeutlicht Folgendes: Wenn die durch Nahrung zugeführte Energie den gleichen Wert hat wie die Energie, die zur Bewegung benötigt wird, nimmt die Person weder zu noch ab. Ist die zugeführte Energie größer, gerät der Körper aus dem Gleichgewicht. Die linke Waagschale sinkt nach unten. Der Mensch nimmt an Masse zu. Umgekehrt nimmt er ab, wenn weniger Energie zugeführt wird, als zur Bewegung benötigt wird. Die Reserven im Körper werden aufgebraucht.
In Wirklichkeit muss die Nahrungsenergie allerdings höher sein als die Bewegungsenergie, denn ein Teil der Nahrungsenergie wird für die grundlegenden Lebensvorgänge gebraucht, auch ohne dass sich ein Mensch bewegt. Trotzdem gilt: wer sich viel bewegt braucht viel Nahrung, wer sich wenig bewegt braucht wenig Nahrung.

**4.**
Die Urmenschen lebten hauptsächlich von Früchten und der Jagd. Sie mussten dafür viel Bewegungsenergie aufwenden. Waren Früchte und Beutetiere selten, z. B. im Winter, litten sie Hunger. Heute sind alle Lebensmittel, die man benötigt, im Überfluss in den Geschäften vorhanden und können ohne große Mühe besorgt werden.

---

# 4.7 Zusammensetzung der Luft

| | | | |
|---|---|---|---|
| Luft ein Gasgemisch und dessen Rauminhalt | **1.** Abb. 1, 3 | Ausatemvolumen ermitteln | **2.** Abb. 4, 5, 6 |
| Zusammensetzung der Luft auf Teilchenebene | **3.** Abb. 2, 8 | Kohlenstoffdioxid nachweisen | **5.** Abb. 7 |

**1.**
Individuelle Lösung, z. B.:
Die leere Flasche wird mit der Öffnung nach unten unter Wasser gedrückt. Wenn Luft keinen Rauminhalt hätte, müsste sich die Flasche mit Wasser füllen - und zwar so weit wie der Wasserspiegel auf der Außenseite der Flasche ist. Es wird deutlich, dass das Wasser nicht in diesem Maße in die Flasche eindringt. Die Luft nimmt den Raum in der Flasche ein.

**2.**
**a)** Atemvolumen von ...

| | | |
|---|---|---|
| Neugeborene: | | |
| 900 ml/Minute | = 0,9 dm³/Minute | = 0,0009 m³/Minute |
| 54000 ml/Stunde | = 54 dm³/Stunde | = 0,054 m³/Stunde |
| Kinder, 2-3 Jahre: | | |
| 2928 ml/Minute | = 2,928 dm³/Minute | = 0,002928 m³/Minute |
| 175680 ml/Stunde | = 175,680 dm³/Stunde | = 0,175680 m³/Stunde |
| Junge, 12 Jahre: | | |
| 4880 ml/Minute | = 4,880 dm³/Minute | = 0,004880 m³/Minute |
| 292800 ml/Stunde | = 292,800 dm³/Stunde | = 0,292800 m³/Stunde |
| Mädchen, 12 Jahre: | | |
| 4624 ml/Minute | = 4,624 dm³/Minute | = 0,004624 m³/Minute |
| 277440 ml/Stunde | = 277,440 dm³/Stunde | = 0,277440 m³/Stunde |

**b)** Man sieht folgende Geräte: Glockenförmiges Glas oder Kunststoffgefäß mit Maßeinteilung, Stopfen und Luftventil, Kunststoffwanne, Gummischlauch. Ein komplett mit Wasser gefülltes glockenförmiges Glas- oder Kunststoffgefäß steht in einer mit Wasser gefüllten Kunststoffwanne. Diese Versuchsanordnung ist dazu geeignet, von außen zugeführte Luft aufzufangen. Diese Luft wird von einem Mädchen (Versuchsperson) aus der Lunge in das Gefäß gepustet. Das Wasser im Gefäß wird dabei verdrängt und durch das Volumen der zugeführten Luft ersetzt. Dieses Volumen kann durch eine Maßeinteilung ermittelt werden. Individuelle Lösung der Messwerte.

**3.**
Es ist eine Abbildung von Luft auf Teilchenebene. Zwei Stickstoffatome (grüne Kugeln) bilden zusammen ein Stickstoffmolekül ($N_2$). Zwei Sauerstoffatome (rote Kugeln) schließen sich zusammen zu einem Sauerstoffmolekül ($O_2$). Ein Kohlenstoffatom (schwarze Kugel) und zwei Sauerstoffatome (rote Kugeln) bilden ein Kohlenstoffdioxidmolekül ($CO_2$). Die Anzahl der jeweiligen Teilchen im Luft-Bildausschnitt deutet den prozentualen Anteil an.

**4.**
Materialien: Zwei große Reagenzgläser, zwei Glasrohre, zwei Gummischläuche, Luftpumpe (Blasebalg), Kalkwasser, Uhr.
Mögliches Experiment: Die beiden Reagenzgläser werden gleich hoch mit Kalkwasser gefüllt. In das eine Reagenzglas wird über den Schlauch und das Glasrohr ausgeatmete Luft eingeblasen. In das zweite Reagenzglas wird mit Hilfe der Luftpumpe Luft in das Reagenzglas eingeblasen. Man muss darauf achten, dass die beiden Luftströme etwa gleich stark sind. Die Trübung in den Reagenzgläsern wird alle 20 Sekunden lang miteinander verglichen.
Erwartete Beobachtungen: In dem Reagenzglas, in das die atmosphärische Luft mit der Pumpe oder dem Blasebalg geblasen wird, tritt nur langsam eine geringe Trübung auf. In dem Reagenzglas, in das ausgeatmete Luft eingeblasen wird, tritt die Trübung sehr viel schneller auf. Außerdem ist hier die Trübung viel stärker.
Schlussfolgerung: Die ausgeatmete Luft enthält im Vergleich mehr Kohlenstoffdioxid als die Luft, die wir einatmen.

## 4.8 Wie wir ein- und ausatmen

| | |
|---|---|
| Der Weg der Einatmungsluft | **1.** Abb. 1, 2 |
| Muskulatur für Brust- und Bauchatmung | **4., 5.** Abb. 1, 2 |
| Atemvolumen bei Ruhe und Belastung | **2.** Textseite |
| Vortrag zur Atmung | **3.** Abb. 2 |
| Modelle analysieren und bewerten | **6., 7.** Abb. 3, 4 |

**1.**
Einatmungsluft → Mund oder Nase und Nasennebenhöhle → Rachen → Kehlkopf → Luftröhre → Bronchien beider Lungenflügel → Lungenbläschen → Blutgefäße

**2.**
In Ruhe atmet ein Erwachsener bei jedem Atemzug etwa einen halben Liter Luft ein. Bei intensiver Belastung werden pro Atemzug ca. drei Liter ein- und ausgeatmet.
14 Atemzüge pro Minute in Ruhe:
14 • 0,5 Liter = 7 Liter. Bei Ruhe atmet ein Erwachsener bei 14 Atemzügen pro Minute 7 Liter Luft ein.
30 Atemzüge pro Minute bei intensiver Belastung:
30 • 3 Liter = 90 Liter. Bei intensiver Belastung atmet ein Erwachsener bei 30 Atemzügen pro Minute 90 Liter Luft ein.
*Allgemeine Formel:* Atemzüge pro Minute • Luftvolumen pro Atemzug = Atemvolumen pro Minute.

### 3.

Individuelle Lösung, z. B.:
Das Zwerchfell kontrahiert, zieht den Lungenrand nach unten und drückt dabei den Bauch nach außen. Gleichzeitig weiten die Muskeln der Zwischenrippen den Brustkorb, Unterdruck entsteht, Luft strömt ein. Beim Ausatmen läuft der ganze Vorgang durch das Entspannen der Atemmuskulatur umgekehrt ab.

### 4.

*Unterschiede:* Das Zwerchfell zieht den Lungenrand nach unten und drückt dabei den Bauch nach außen. Die Zwischenrippenmuskulatur hebt die Rippen an und der Brustkorb öffnet sich nach vorne.
*Gemeinsamkeiten:* Zwerchfell und Zwischenrippenmuskulatur ziehen sich beide beim Einatmen zusammen. Der Brustkorb weitet sich dabei und die Luft strömt ein. Beim Ausatmen entspannen sich Zwerchfell und Zwischenrippenmuskulatur. Luft strömt aus.

### 5.

Individuelle Lösung.

### 6.

*Modell a:* Es wird gezeigt, wie sich der Brustkorb während des Ein- und Ausatmens verändert. Dabei beschränkt sich dieses Modell darauf, zu zeigen, wie die Zwischenrippenmuskeln (Hand) die Rippen (Holzstäbe) aktiv anheben und somit das Brustkorbvolumen vergrößern, während sich bei erschlafften Zwischenrippenmuskeln (ohne Hand) die Rippen (Holzstäbe) passiv absenken.
*Modell b:* Es wird gezeigt, wie die Luft beim Ein- und Ausatmen strömt. Dabei beschränkt sich dieses Modell darauf, zu zeigen, dass die Luft in die Lunge strömt, wenn sich der Brustkorb (Blasebalg) aufspannt und dass die Luft mit Druck aus der Lunge strömt, wenn sich der Brustkorb verkleinert (zusammengedrückter Blasebalg).
*Modell c:* Es wird gezeigt, wie sich die Lungenflügel in Abhängigkeit vom Zwerchfell mit Luft füllen bzw. entleeren. Dabei beschränkt sich dieses Modell darauf, zu zeigen, dass die Luft bei kontrahiertem Zwerchfell (nach unten gespannte Gummimembran) in die Lungenflügel (Ballons) strömt und dass die Luft bei erschlafftem Zwerchfell (schlaffe Gummimembran) aus den Lungenflügeln (Ballons) entweicht.
*Modell d:* Es wird lediglich die Lage der Atmungsorgane im Torso gezeigt. Dabei kann das Modell kaum Aufschlüsse über den Atmungsvorgang direkt liefern, weil es ein Strukturmodell und kein Funktionsmodell ist.

### 7.

*Modell 3a:* Die beweglich verbundenen Stäbe veranschaulichen zwei Zustände der Rippen.
- Bewegen sich die Stäbe in die entspannte Lage, liegen sie schräg parallel zueinander. Die Ausatmungsluft kann ohne Einwirkung einer Muskelanspannung entweichen (der Pfeil zeigt die Richtung der Luftströmung, die fehlende Hand zeigt, dass keine Muskelkraft aufgewendet wird).
- Im zweiten Bild symbolisiert die Hand, dass für die Einatmung Muskelkraft nötig ist. Die Luft kann durch die Anspannung der Rippenmuskulatur einströmen, das zeigt die Pfeilrichtung. Im Zustand der Anspannung liegen die Rippen in gerader Ausrichtung parallel zueinander, der Brustkorb ist geweitet.

Die Funktion des Zwerchfells kann dieses Modell nicht zeigen. Sie fehlt.
*Modell 3b:* Der Blasebalg kann beim Ansaugen der Luft annähernd die Funktion des Zwerchfells und den nötigen Kraftaufwand veranschaulichen. Für den Ausatmungsvorgang ist dieses Modell nicht geeignet, da die Luft beim Blasebalg mit Kraftaufwand herausgedrückt wird. Der Vorgang der natürlichen Entspannung fehlt.
*Modell 3c:* Das Modell der Glasglocke mit Gummimembran veranschaulicht gut, dass die Erweiterung der Lungenflügel (hier der Luftballons) beim Einatmen passiv dem Unterdruck im Brustkorb folgt. Beim Ausatmen wird der normale Druck wieder hergestellt, die Lungenflügel erschlaffen. Dieses Modell veranschaulicht gut die Bauchatmung mithilfe des Zwerchfells, es berücksichtigt aber nicht die Brustatmung mit der Zwischenrippenmuskulatur.
*Modell 3d:* Der Torso kann nur die Lage der verschiedenen Organe und Strukturen im Körper veranschaulichen. Funktionsabläufe werden nicht dargestellt.

# 4.9 Gasaustausch in der Lunge

| | |
|---|---|
| Lungenbläschen ermöglichen den Gasaustausch | **1.** Abb. 2 |
| Unterschiede im Luftbedarf | **2. c** |
| Atmung verändert die Luftqualität. | **2.a,b, 3.** Abb. 3, 5 |
| Atmungsoberfläche ist Austauschfläche. | **4.** Abb. 6, 2 |

**1.**

**a)** Die Abbildung 2 zeigt den Gasaustausch in einem Lungenbläschen.

| Dargestellte Strukturen | Vorgänge /Funktionen |
|---|---|
| Kapillaren und Lungenbläschen im Anschnitt | Ein dichtes Geflecht feinster Blutgefäße umgibt das Lungenbläschen. Solche dünnen Blutgefäße heißen Kapillaren. Beim Gasaustausch gelangen bestimmte Moleküle der Luft in die Blutgefäße, umgekehrt gelangen andere Moleküle aus den Blutgefäßen in den Luftstrom im Inneren des Lungenbläschens. |
| Sehr dünne Schichten zwischen Blut und Luft | Der Luftstrom in den Kapillaren ist nur durch wenige Zellschichten von der Luft in dem Lungenbläschen getrennt. Das erleichtert den Übertritt der Moleküle von einer Seite auf die andere. |
| Lungenkapillare, blau gezeichnet | Das Blut, das zu dem Lungenbläschen hinfließt, enthält sehr viel mehr Kohlenstoffdioxidmoleküle als die Luft in dem Lungenbläschen. Die Anzahl der Sauerstoffmoleküle ist sehr gering. Solche Blutgefäße werden allgemein blau dargestellt. Die jeweiligen Unterschiede der Molekülanzahl bewirken in der „blauen“ Kapillare einen Eintritt von Sauerstoffmolekülen und einen Austritt von Kohlenstoffdioxidmolekülen. Dieser Vorgang wird als Gasaustausch bezeichnet. |
| Lungenkapillare, rot gezeichnet | Der Gasaustausch führt schließlich dazu, dass die Zahl der Sauerstoffmoleküle in der Lungenkapillare sehr viel höher ist, als die Zahl der Kohlenstoffdioxidmoleküle. Solche Blutgefäße werden allgemein rot dargestellt. |
| Sauerstoffmoleküle | Sauerstoff kommt in der Natur als Molekül aus zwei Atomen Sauerstoff vor ($O_2$). |
| Kohlenstoffdioxidmoleküle | Kohlenstoffdioxid ist ein Molekül aus einem Atom Kohlenstoff und zwei Atomen Sauerstoff ($CO_2$). |

**b)** Die Struktur des Lungenbläschens ist angepasst an die Funktion des Gasaustausches. Beispiele:
*Sehr dünne Schichten zwischen Blut und Luft:* Der Luftstrom in den Kapillaren ist nur durch wenige Zellschichten von der Luft in dem Lungenbläschen getrennt. Das erleichtert den Übertritt der Moleküle von einer Seite auf die andere.
*Form des Lungenbläschens:* So kann es wie ein Mikroluftballon immer mit neuer Luft aufgeblasen werden und diese wieder abgeben. Außerdem sorgt die Kolbenform für eine große Fläche, an der Gase ausgetauscht werden können.

**2.**

**a)** In der Einatmungsluft sind 78% Stickstoff, 21% Sauerstoff, 0,04% Kohlenstoffdioxid und etwa 1% andere Gase enthalten. In der Ausatmungsluft beträgt der Anteil von Sauerstoff 17% und der Anteil von Kohlenstoffdioxid 4%. Die Anteile von Stickstoff und die der anderen Gase haben sich nicht merklich verändert, sie sind gleich geblieben.

**b)**

| Gase in der Atemluft | Anteil in der Einatmungsluft in % | Anteil in der Ausatmungsluft in % |
|---|---|---|
| Sauerstoff | 21 | 17 |
| Kohlenstoffdioxid | 0,04 | 4 |
| Stickstoff | 78 | 78 |
| Andere Gase | 1 | 1 |

Begründung der Unterschiede: Beim Gasaustausch in den Lungenbläschen gelangen mehr Sauerstoffmoleküle aus der Einatmungsluft in das Blut in den Blutkapillaren als aus dem Blut in die Ausatmungsluft. Sie werden also der Luft entzogen. Gleichzeitig gelangen mehr Kohlenstoffdioxidmoleküle aus dem Blut in die Atemluft als umgekehrt in das Blut hinein. Die Zahl der Stickstoffmoleküle und der Moleküle oder Atome der anderen Gase bleibt innerhalb und außerhalb der Blutgefäße gleich. Offenbar bewegen sich diese Teilchen in gleichem Maße in beide Richtungen.

**c)**

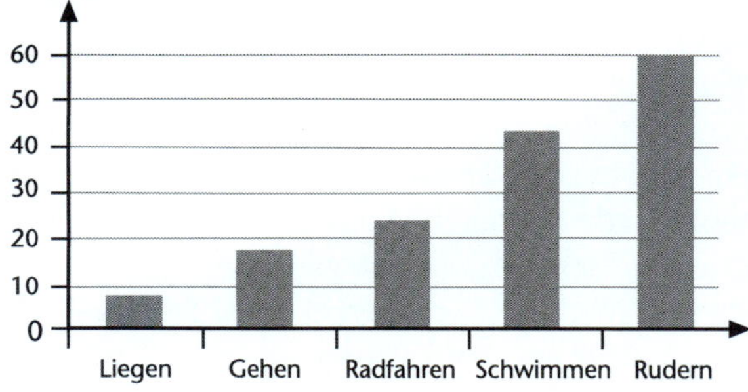


*Liegen:* Der gesamte Körper befindet sich in einem Zustand der Ruhe. Der Körper benötigt wenig Sauerstoff. Der Luftbedarf ist deshalb gering.
*Gehen:* Die Muskelaktivität nimmt zu. Bei der erhöhten Anstrengung des Körpers entsteht auch ein größerer Bedarf an Sauerstoff aus der Luft: der Luftbedarf steigt von 7 Liter pro Minute auf 17 Liter pro Minute. Der Gasaustausch in der Lunge nimmt durch häufigeres Ein- und Ausatmen pro Minute zu.
*Radfahren:* Der Luftbedarf steigt auf 24 Liter pro Minute. Die Anstrengung steigt, mehr Muskeln werden aktiv und benötigen damit mehr Sauerstoff.
*Schwimmen:* Jetzt beträgt der Luftbedarf 43 Liter pro Minute. Der Sauerstoffbedarf aus der Luft steigt durch eine noch höhere Aktivität des Körpers weiter an.
*Rudern:* In dieser Tabelle wird für das Rudern wahrscheinlich die meiste Muskelkraft gebraucht. Der Luftbedarf erreicht den bislang höchsten Wert von 60 Liter pro Minute.

## 3.

Um 8:00 Uhr morgens liegt der $CO_2$-Gehalt im Klassenzimmer bei einem Wert von etwa 0,8 relativen Einheiten. Nach Unterrichtsbeginn steigt der $CO_2$-Gehalt im Klassenraum auf 3 relative Einheiten deutlich an. Bei offenbar geschlossenen Türen und Fenstern befindet sich jetzt mehr ausgeatmete Luft mit vielen Kohlenstoffdioxidmolekülen im Klassenzimmer. Während der ersten großen Pause ist der Raum leer und frische, $CO_2$-arme Luft kommt hinein. Der $CO_2$-Gehalt sinkt bis auf 2 relative Einheiten. Dieser Wert liegt um 10:00 Uhr deutlich über dem Ausgangswert von 0,8.
Bis zur zweiten großen Pause nimmt der Anteil der Ausatmungsluft wieder zu. Es gelangen noch mehr Kohlenstoffdioxidmoleküle in die Luft im Klassenraum. Die Kohlenstoffdioxidkonzentration erreicht einen neuen Höchstwert von etwa 5,5 relativen Einheiten. Durch einen geringen Luftaustausch während der zweiten großen Pause sinkt der $CO_2$-Gehalt um kurz vor 12:00 Uhr auf 4 relative Einheiten. Bis zum Schulschluss um 13:00 Uhr steigt dieser dann auf den Höchstwert von 7.
Insgesamt ist während der Schulzeit der $CO_2$-Gehalt von 0,8 auf 7 relative Einheiten gestiegen.
*Empfehlung:* Durch gründliches Lüften müsste im Verlauf der Schulzeit mehrfach für einen möglichst vollständigen Luftaustausch gesorgt werden. Dies könnte durch das Öffnen aller Fenster während der gesamten Pausenzeiten erfolgen. Auch zwischen den großen Pausen ist regelmäßiges Lüften sinnvoll.

## 4.

*Gemeinsamkeiten:* Die Übernahme von Sauerstoff und Abgabe von Kohlenstoffdioxid muss in den wenigen Sekunden zwischen Ein- und Ausatmen erfolgen. Dies ist mit den Ladungen auf den Schiffen und auf den Kaianlagen vergleichbar. Hierfür muss eine große Fläche vorhanden sein, damit die Gase ebenso wie die Schiffsladungen

auch schnell genug ausgetauscht werden können.
*Unterschiede:* Der Hamburger Hafen besteht aus komplett anderen Materialien als die wirkliche Lunge. Die Wasserstraßen sind vergleichbar mit dem Blut in den Adern, die Schiffe vergleichbar mit den Roten Blutzellen und der Kai mit dem Innenraum der Lungenbläschen, der die Luft enthält. Die Kaimauern sind vergleichbar mit der Oberfläche der Lungenbläschenwand. Die Ladungen entsprechen den Sauerstoff- bzw. den Kohlenstoffdioxidteilchen.

---

# 4.10 Rauchen ist schädlich

| | |
|---|---|
| Einstieg in das Rauchen? | **3. a** |
| Rauchen und Durchblutung | **1.** Abb. 2 |
| Rauchen schädigt die Bronchialschleimhaut. | **2.** Abb. 3, 4, 5, Textseite |
| Rauchbeginn und Rauchstopp | **3. b, 4.** Textseite |

**1.**

**a)** Die Abbildung zeigt Wärmebilder zweier Hände und Unterarme vor und nach dem Rauchen einer Zigarette. Die Temperaturen werden durch unterschiedliche Farben und einer Farbskala angezeigt. Vor dem Rauchen zeigt das Wärmebild eine Temperatur von etwa 32 – 33 °C. Der Bereich in der Nähe des Daumens ist mit 33 °C etwas wärmer. Im Bereich der Fingernägel wird eine Temperatur von 34 °C angezeigt.
Nach dem Rauchen zeigt das Wärmebild in den Fingern eine Temperatur von 28 – 29 °C und im Bereich der Handflächen und Fingernägel 32 °C. Die Hauttemperaturen sind in dem abgebildeten Bereich nach dem Rauchen einer Zigarette allgemein niedriger als vor dem Rauchen.
**b)** Durch Nikotin steigen die Herzfrequenz und der Blutdruck an. Die Blutgefäße verengen sich und bewirken besonders in der Haut eine verringerte Durchblutung. Das Wärmebild zeigt, dass die geringere Hautdurchblutung die Hauttemperatur verringert.

**2.**

**a)** Die Luftröhre und die Bronchien besitzen im intakten Zustand als besondere Struktur eine Bronchialschleimhaut. Viele Zellen der Bronchialschleimhaut tragen zahlreiche feine Flimmerhärchen. In diese Zellschicht sind auch Zellen eingelagert, die den Bronchialschleim produzieren, der die gesamte Zellschicht überzieht. In den Abbildungen ist zu erkennen, dass die Flimmerhärchen inselartig die Schleimschicht an vielen Stellen durchdringen. Die Anordnung der Flimmerhärchen lässt vermuten, dass diese sich wellenartig bewegen. Dadurch transportiert die Bronchialschleimhaut festgesetzte kleine Fremdkörper Richtung Rachen, wo sie abgehustet oder verschluckt werden können.
**b)** Der Teer im Zigarettenrauch verklebt die Flimmerhärchen der Bronchialschleimhaut und schädigt dadurch die Selbstreinigungsfunktion der Atemwege. Das kann man in der Abbildung erkennen: links in der gesunden Schleimhaut sind nur aufrecht stehende Flimmerhärchen und keine Fremdkörper zu sehen, rechts bei der geschädigten Schleimhaut sind viele Flimmerhärchen untereinander und mit Fremdkörpern (wahrscheinlich Bakterien) verklebt. Nicht abtransportierter Schleim und verklebte Fremdkörper verengen die Atemwege. Es kommt zu Atemproblemen, dauerndem Hustenreiz (Raucherhusten) und die Bakterien können Lungeninfektionen verursachen.

**3.**

**a)** Faktoren, die es fördern, dass Jugendliche nicht mit dem Rauchen beginnen: Im persönlichen Umfeld wird nicht geraucht (Eltern, Geschwister, Freunde); Vorbilder, die nicht rauchen; Wissen über die Folgen des Rauchens; Bekannte, die Schwierigkeiten haben, sich das Rauchen abzugewöhnen.

**b)** Individuelle Lösung.

**4.**

*Gemeinsamkeiten:* Die Übernahme von Sauerstoff und Abgabe von Kohlenstoffdioxid muss in den wenigen Sekunden zwischen Ein- und Ausatmen erfolgen. Dies ist mit den Ladungen auf den Schiffen und auf den Kaianlagen vergleichbar. Hierfür muss eine große Fläche vorhanden sein, damit die Gase ebenso wie die Schiffsladungen auch schnell genug ausgetauscht werden können.

*Unterschiede:* Der Hamburger Hafen besteht aus komplett anderen Materialien als die wirkliche Lunge. Die Wasserstraßen sind vergleichbar mit dem Blut in den Adern, die Schiffe vergleichbar mit den Roten Blutzellen und der Kai mit dem Innenraum der Lungenbläschen, der die Luft enthält. Die Kaimauern sind vergleichbar mit der Oberfläche der Lungenbläschenwand. Die Ladungen entsprechen den Sauerstoff- bzw. den Kohlenstoffdioxidteilchen.

---

# 4.11 Blutkreislauf

| | |
|---|---|
| Gesamtlänge der Blutgefäße | Abb. 1<br>Grundwissen |
| Blutgeschwindigkeit abschätzen | **2.**<br>Abb. 4 |
| Körper- und Lungenkreislauf | **1.**<br>Abb. 2, 4 |
| Blutzusammensetzung | **3.**<br>Abb. 2, 3 |

**1.**

**a)**

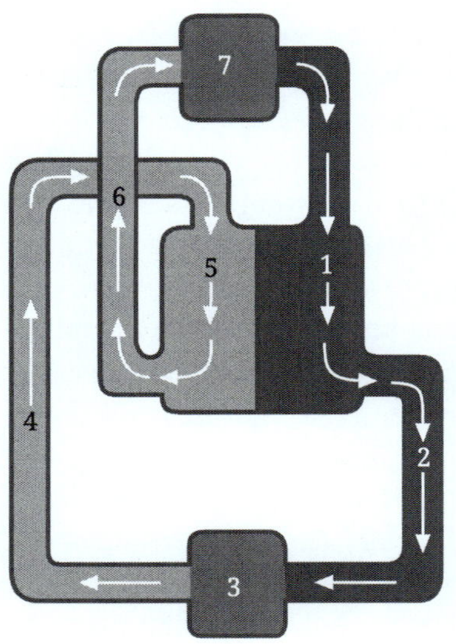


Hellgrau: sauerstoffarmes Blut
Dunkelgrau: sauerstoffreiches Blut

Das Blut fließt...

1) von der linke Herzkammer
2) in die Aorta und über die Beinarterie zum Fuß und dort
3) ins Kapillarnetz der Zellen.
4) Über die Vene fließt das Blut vom Fuß zurück
5) in die rechte Herzkammer und von dort
6) über die Lungenarterie
7) ins Kapillarnetz der Lunge.
8) Über die Lungenvene gelangt es zurück in die linke Herzkammer.

**b)** Der Lungenkreislauf ermöglicht die schnelle Anreicherung des Blutes mit Sauerstoff. Gleichzeitig wird Kohlenstoffdioxid aus dem Blut entfernt.

**2.**

**a)** *Messung oben:* Im angezeigten Messzeitraum von etwa 2,5 Sekunden zeigen sich drei gleichmäßige Pulswellen. Der erste Pulsschlag wird nach etwa 0,2 Sekunden gemessen und jeder Ausschlag

zeigt eine Dauer von etwa 0,2 Sekunden. Die Zeitspanne zwischen den höchsten Ausschlägen beträgt etwa 1 Sekunde.
*Messung unten:* Im angezeigten Messzeitraum von etwa 2,5 Sekunden zeigen sich zwei gleichmäßige Pulswellen. Der erste Pulsschlag wird nach etwa 0,7 Sekunden gemessen und jeder Ausschlag zeigt eine Dauer von etwa 0,3 Sekunden. Die Zeitspanne zwischen den höchsten Ausschlägen beträgt ebenfalls etwa 1 Sekunde. Die Zeitdifferenz zwischen Halspuls und Handgelenkpuls beträgt 0,5 Sekunden.
**b)** Die Zeitdifferenz der Pulse zwischen beiden Messungen beträgt 0,5 Sekunden. Die Streckendifferenz beträgt 45 cm. Die Geschwindigkeit, mit der sich die Pulswelle durch die Arterie bewegt, beträgt also 90 cm/Sek.

### 3.

Beide Aussagen sind falsch. Die Lungenarterie transportiert sauerstoffarmes Blut vom Herzen zu den Lungenkapillaren. Die Lungenvene transportiert sauerstoffreiches Blut von den Lungenkapillaren zum Herzen. Folgende Definitionen gelten:
*Arterien:* In diesen Blutgefäßen wird das Blut vom Herzen weg zu den Organen transportiert.
*Venen:* In diesen Blutgefäßen fließt das Blut wieder zurück zum Herzen.

### 4.

*Aufenthaltsort 1* befindet sich nach der Anreicherung des Blutes mit Sauerstoffs, also hinter der Lunge, da der Sauerstoffgehalt groß und der Kohlenstoffdioxidgehalt klein ist. Er liegt auch vor dem Punkt, an dem die Kapillaren des Darmes in die Körpervene einmünden, da der Gehalt an Nährstoffen gering ist und das Blut erst im Bereich des Darmes mit Nährstoffen angereichert wird.
*Aufenthaltsort 2* liegt vor der Lunge, da der Sauerstoffgehalt klein und der Kohlenstoffdioxidgehalt groß ist. Er liegt jedoch nach dem Punkt, an dem die Kapillaren des Darmes in die Körpervene einmünden, da der Gehalt an Nährstoffen hoch ist.
*Aufenthaltsort 3* liegt vor der Lunge, da der Sauerstoffgehalt klein und der Kohlenstoffdioxidgehalt groß ist. Er liegt auch vor dem Punkt, an dem die Kapillaren des Darmes in die Körpervene einmünden, da der Gehalt an Nährstoffen gering ist.

---

## 4.12 Anpassung an körperliche Anstrengung

| | |
|---|---|
| Atemfrequenz und Herzleistung in Ruhe und beim Sport | **3., 4.** Abb. 1, 4 |
| Durchblutung der Organe beim Sport | **1.** Abb. 2 |
| Ausdauertraining wirkt auf das Herz | **2.** Abb. 3 |
| Erholungsfähigkeit verschiedener Personen | **5., 6.** Abb. 4 |

### 1.

**a)** Die Abbildung zeigt im Vergleich, wie stark ausgewählte Organe bei Ruhe und bei körperlicher Belastung durchblutet werden. In beiden Fällen ist die Lunge sehr stark durchblutet. In Ruhe sind Skelettmuskeln, Niere und Darm alle etwa gleich stark durchblutet, das Gehirn etwas weniger und Herz und Haut noch weniger. Bei körperlicher Arbeit sind die Skelettmuskeln extrem stark durchblutet, Herz und Haut sind stärker durchblutet als bei Ruhe, Darm und Niere sind weniger durchblutet als im Ruhezustand. Beim Gehirn ist kaum ein Unterschied zu erkennen.
**b)** Bei körperlicher Belastung benötigen einige Organe mehr Sauerstoff. Der Körper passt sich dem erhöhten Sauerstoffbedarf der Skelettmuskeln an, indem er schneller und tiefer atmet. Die Stärke der Durchblutung der Lunge bleibt bei jedem Atemzug gleich. Die Durchblutung des Herzens nimmt zu. Es

schlägt bis zu dreimal häufiger als im Ruhezustand und pumpt das Blut schneller durch den Körper. Die Durchblutung der Haut steigt. So kann die Wärme, die durch die hohe Stoffwechselintensität in den Skelettmuskeln entsteht, nach außen abgegeben werden. Es gibt auch Bereiche des Körpers, in denen die Durchblutung bei Belastung abnimmt. Die Aktivität von Darm und Niere sinkt. So kann die Durchblutung in den Organen mit gesteigerter Aktivität zunehmen. Der Sauerstoffbedarf des Gehirns ist in Ruhe und bei Belastung etwa gleich, es ist immer aktiv.

## 2.

**a)**

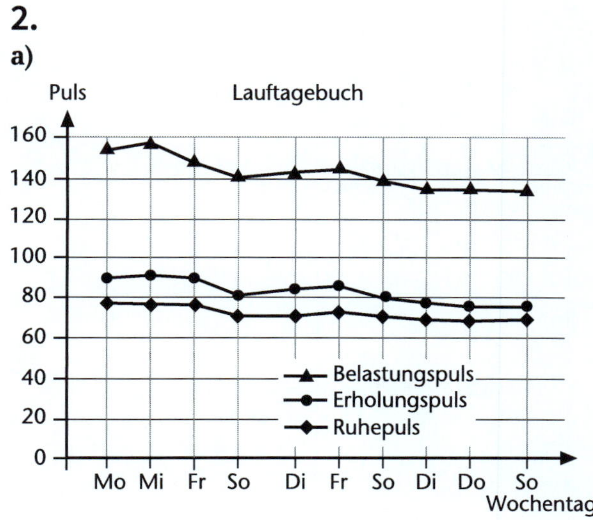


**b)** Beschreibung: Der Ruhepuls sinkt von 78 bei Trainingsbeginn auf 69 bei Trainingsende.
Der Belastungspuls beginnt bei 154, erreicht am zweiten Trainingstag 157 und sinkt dann nach und nach auf 134 bei Trainingsende.
Der Erholungspuls liegt anfangs bei 90–92 und reduziert sich im Laufe des Trainings bis auf 75 bei Trainingsende.
Bewertung: Der Trainingseffekt fördert die Leistungskraft des Herzmuskels. Es genügen weniger Herzschläge pro Minute, um den Körper mit dem benötigten Sauerstoff zu versorgen. Der Erholungspuls sinkt im Laufe des Trainings deutlich ab, fast bis auf das Niveau des Ruhepulses. Durch das Training wird die Erholungsfähigkeit verbessert.

## 3.

Individuelle Lösung.

## 4.

Individuelle Lösung, z. B. Argumentation mit eigenen Messwerten.
Bei körperlicher Belastung steigt der Energie- und Sauerstoffbedarf der Muskeln. Der Körper passt sich dem erhöhten Sauerstoffbedarf an, indem er schneller atmet und das Blut schneller durch den Körper pumpt.

## 5.

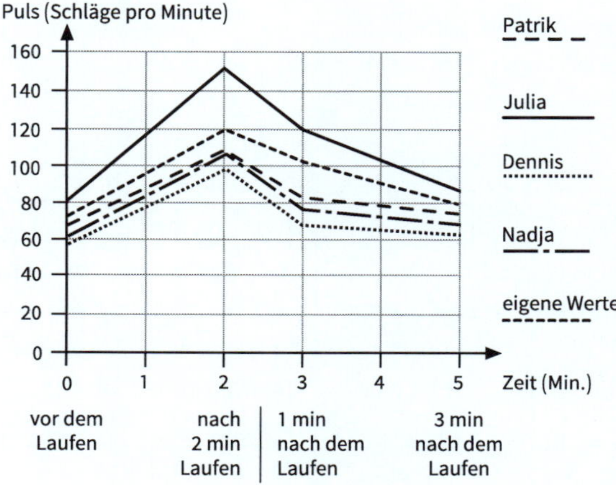


## 6.

Je stärker die körperliche Belastung wird, desto mehr Sauerstoff wird für die Skelettmuskulatur benötigt. Der Herzschlag steigt bei allen vier Personen pro Minute an. Dennis ist der am besten trainierte Sportler. Seine Pulsfrequenz ist in Ruhe und bei mittlerer Belastung viel geringer als die der anderen drei Personen, da bei ihm pro Herzschlag ein größeres Volumen Blut und damit mehr Sauerstoff transportiert wird. Bei den anderen drei Personen muss das Herz für das gleiche Blutvolumen im gleichen Zeitraum häufiger schlagen. Daher ist Julia die am wenigsten trainierte Person. Patrick und Nadja sind etwa gleich gut trainiert. Beim Sitzen erholt sich der Körper. Es wird nicht mehr so viel Sauerstoff benötigt, da die Skelettmuskulatur nun nicht mehr stark beansprucht wird. Bei allen vier Personen sinkt der Herzschlag pro Minute. Dass Dennis als gut trainierte Person schnell wieder eine sehr geringe Pulsfrequenz aufweist, liegt an der guten Sauerstoffversorgung durch die hohe Blutmenge, die das größere und kräftigere Herz pumpt. Dennis erholt sich deshalb am schnellsten von körperlicher Anstrengung.

# 4.13 Stoffwechsel - Organe arbeiten zusammen

| | |
|---|---|
| Verschiedene Organe sind am Stoffwechsel beteiligt. | Abb. 1<br>Textseite |
| Vergleich von Organsystem und Fabrik | **1.**<br>Abb. 1, 3, 4 |
| Schematischer Ablauf des menschlichen Stoffwechsels | **2.**<br>Abb. 2 |
| Fragwürdige Alltagsvorstellung | **3.**<br>Textseite |

## 1.

| **Fabrik** | **Organsystem** | **Gemeinsamkeiten** | **Unterschiede** |
|---|---|---|---|
| Für die Herstellung von Produkten werden in einer Fabrik verschiedene Ausgangsstoffe benötigt. | Im Organismus wird Nahrung zur Bereitstellung von Energie, für das Wachstum oder die Umwandlung in andere Stoffe benötigt. | Ausgangsstoffe müssen von außen zugeführt werden. | |
| Diese Stoffe werden auf das Firmengelände gebracht, z. B. per LKW und über Leitungen (Wasser). | Nahrung und Wasser werden dem Magen und dem Darm zugeführt. Sauerstoff gelangt über die Lunge in den Organismus. | Die Stoffe gelangen über einen Eingang in das Innere. | Der Gasaustausch erfolgt im Körper in der Lunge / ein Fabrik hat dafür keine besondere Übergabestelle. |
| Förderbänder, Leitungen und Fahrzeuge transportieren Rohstoffe, Produkte und Abfallstoffe innerhalb der Fabrik. | Der Blutkreislauf transportiert Stoffe durch den gesamten Körper von Organ zu Organ. | Transportfunktion | In der Fabrik gibt es mehrere Transportsysteme / im Körper ist das Blut das zentrale Transportsystem. |
| Kraftwerke liefern die für die Produktion notwendige Energie und Wärme. | Nutzbare Energie wird durch den Energiestoffwechsel der Zellen bereitgestellt. Auch Wärme wird produziert. | Versorgung mit benötigter Energie und Wärme | Das Kraftwerk kann außerhalb der Fabrik stehen /der Energiestoffwechsel erfolgt in jeder Körperzelle. |
| In Kraftwerken werden entweder energiereiche Stoffe verbrannt oder beispielsweise Sonnen- oder Windenergie genutzt. | Bei der Zellatmung reagiert Glucose (Traubenzucker) mit Sauerstoff zu Kohlenstoffdioxid und Wasser. Das entspricht einer Verbrennung. | Erzeugung nutzbarer Energie durch Reaktion von "Brennstoff" mit Sauerstoff | Im Körper gibt es nur die Verbrennung als Energiequelle / Kraftwerke können auch andere Energieformen nutzen. |
| Der für die Verbrennungsvorgänge benötigte Sauerstoff wird durch Gebläse in die Kraftwerke gepumpt. | Der für die Zellatmung benötigte Sauerstoff gelangt aus der Luft über die Lunge in das Blut und von dort zu den Zellen. | Für die Energiegewinnung durch Verbrennung wird Sauerstoff benötigt. | Die Verbrennung im Kraftwerk nutzt direkt den Sauerstoff aus der Luft / die Zelle wird über das Blut mit Sauerstoff beliefert. |

| Fabrik | Organsystem | Gemeinsamkeiten | Unterschiede |
|---|---|---|---|
| Ausgangsstoffe werden bearbeitet und zu Produkten umgewandelt. | Die Nahrung wird in ihre Bausteine zerlegt. Aus den Bausteinen werden die verschiedensten, gerade benötigten Stoffe hergestellt. | Umwandlung von Stoffen | Im Körper werden die Ausgangsstoffe zunächst zerlegt / in der Fabrik werden sie möglicherweise nur zusammengesetzt. |
| Fertige Produkte werden abtransportiert. | Fertige Produkte werden im Körper gespeichert oder verwendet z. B. beim Wachstum. | | Die Produkte der Fabrik verlassen das System / die Produkte des Stoffwechsels bleiben im Körper. |
| Feste, flüssige und gasförmige Abfallstoffe verlassen über Abflussrohre, Schornsteine oder mithilfe von Lastwagen das Fabrikgelände. | Feste Abfallstoffe werden über den Enddarm ausgeschieden. Flüssige Abfallstoffe verlassen den Körper nach Filterung über die Nieren und Speicherung in der Blase als Harn. Über die Haut kann Wasser verdunsten. Kohlenstoffdioxid wird beim Ausatmen über die Lunge abgegeben. | Abfallstoffe entstehen und werden über verschiedene Wege aus dem System ausgeschleust. | Die Ausgestaltung der Entsorgungssysteme in der Fabrik ist ganz anders als der Bau der entsprechenden Organe im Körper. |

**2.**

Stoffaufnahme: Lunge, Magen ⇒ Darm
Stofftransport: Blutkreislauf
Stoffumbau: Energiestoffwechsel, Baustoffwechsel
Stoffabgabe: Lunge, Niere bzw. Blase, Haut, Enddarm

**3.**

Die Modellvorstellung „Gasleitungen" könnte zur Veranschaulichung beibehalten werden. Diese Leitungen entsprechen den Bronchien. Die Bestandteile der Luft werden darin aber nicht zum Herzen, sondern nur zu den Lungenbläschen transportiert. Sauerstoff geht schon dort in das Blut über und gelangt über die Lungenvene zur linken Herzkammer.

## 4.14 Die Zellatmung

| Thema | Aufgabe | Abbildung |
|---|---|---|
| Zellatmung und Stofftransport | **1.** | Abb. 1 |
| Diagramm zur Zellatmung | **2.** | Abb. 2 |
| Auswirkungen von Sauerstoffmangel im Gehirn | **3.** | Abb. 4 |
| Zellatmung bei körperlicher Anstrengung | **4.** | |
| Vergleich Zellatmung und Kerzenflamme | **5.** | Abb. 3 |

## 1.

**a)** Luft gelangt beim Einatmen in die Bronchien. Sauerstoff wird in den Lungenbläschen ins Blut aufgenommen. Der Sauerstoff wird durch das Blut zu allen Körperzellen transportiert und in die Zellen aufgenommen. In der Zelle wird mithilfe des Sauerstoffs Traubenzucker zu $CO_2$ und Wasser abgebaut. Dabei wird die chemische Energie des Traubenzuckers in Energie umgewandelt, die die Zelle nutzen kann, und Wärme wird frei.

**b)** Die chemische Energie im Traubenzucker wird bei der Zellatmung in den Muskelzellen umgewandelt in Bewegungsenergie und Wärmeenergie.

## 2.

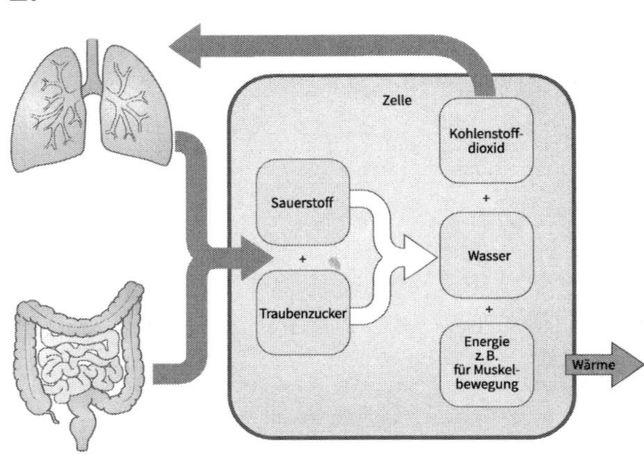


## 3.

Schon nach 5 Sek. Sauerstoffmangel treten im Gehirn erste Störungen auf. Nach 15 Sek. ohne Sauerstoff wird man bewusstlos. Nach 3 Min. Sauerstoffmangel treten Teilstörungen auf, die nicht mehr rückgängig zu machen sind. Bekommt das Gehirn 5 Min. lang keinen Sauerstoff, stirbt es.

Die Gehirnzellen brauchen viel Sauerstoff, um Zellatmung betreiben zu können und aus dieser Energie zu erhalten. Ohne diese Energie kann das Gehirn seine Funktionen, Informationen zu verarbeiten, zu denken und zu erinnern, nicht leisten. Daher treten schon bei kurzem Sauerstoffmangel erste Störungen auf. Auch das Bewusstsein ist eine Leistung des Gehirns. Wenn die Zellen des Gehirns durch Sauerstoffmangel keine Energie haben, wird man bewusstlos. Bei längerem Sauerstoffmangel (3 Min) sterben die Zellen, denn sie brauchen die Energie aus der Zellatmung zum Leben. Wenn Zellen des Gehirns absterben, kommt es zu Störungen, die auch bei anschließender Sauerstoffzufuhr nicht rückgängig zu machen sind. Sind zu viele Zellen des Gehirns abgestorben, was passiert, wenn 5 Minuten lang kein Sauerstoff zur Verfügung ist, funktioniert das Gehirn als ganzes nicht mehr und man spricht vom Gehirntod.

## 4.

Körperliche Anstrengung führt zu einem hohen Energiebedarf, da Muskeln zur Bewegung Energie brauchen. Es muss viel Zellatmung in den Muskelzellen betrieben werden, um diese Energie bereitzustellen. Für die Zellatmung werden Traubenzucker und Sauerstoff benötigt. Aus dem Blut wird viel Traubenzucker und Sauerstoff aufgenommen. Die Durchblutung wird erhöht. Die Atemfrequenz steigt.

## 5.

*Gemeinsamkeiten:* Es wird Sauerstoff benötigt. Chemische Energie wird umgewandelt, der Ausgangsstoff enthält Kohlenstoff. Es wird Kohlenstoffdioxid frei. Es wird Wasser frei. Es wird Wärme frei.
*Unterschiede:* Bei der brennenden Kerze wird die Energie fast vollständig als Wärme und Licht frei, bei der Zellatmung wird keine Lichtenergie frei.

# 5 Fortpflanzung, Wachstum und Individualentwicklung

## 5.1 Jeder Mensch ist einmalig

| | |
|---|---|
| Kinder unterscheiden sich. | **1.** Abb. 1, 2 |
| Ich bin anders als die anderen. | **2.** Abb. 3 |
| Menschen kann man an ihren Fingerabdrücken unterscheiden. | **3.** Abb. 4 |

**1.**
Abbildung 1 zeigt typische Kleinkinder. Alle haben in etwa den gleichen Körperbau (2 Arme, 2 Beine, Kopf, Rumpf, 2 Augen, 2 Ohren, ...). Sie unterscheiden sich aber z. B. in der Hautfarbe, Haarfarbe, Menge der Haare, Augenfarbe, ... . Kein Kind gleicht einem anderen vollkommen. Das gleiche gilt auch für Abb. 2. Die abgebildeten Kinder unterscheiden sich im Geschlecht, der Größe, Haartracht und Haarfarbe ..., obwohl sie alle den gleichen Grundbauplan des Körpers haben. Dazu kommen noch Unterschiede in der Kleidung.

**2.**
Individuelle Lösung.

**3.**
Nicht alle Fingerabdrücke sind verschieden. Vergleicht man die Linien genau, stimmen die Abdrücke links oben und links unten, zweiter von oben links und rechts ganz unten sowie dritter von oben links und zweiter von oben rechts überein. Es sind also Abdrücke von fünf Personen vorhanden.

# 5.2 Veränderungen in der Pubertät

Wir verändern uns im Laufe der Zeit. **1.** Abb. 1

Seltsames Verhalten in der Pubertät **3.** Abb. 2

Veränderungen des Körpers in der Pubertät **2.** Abb. 3, 4

**1.**
Individuelle Lösung.

**2.**

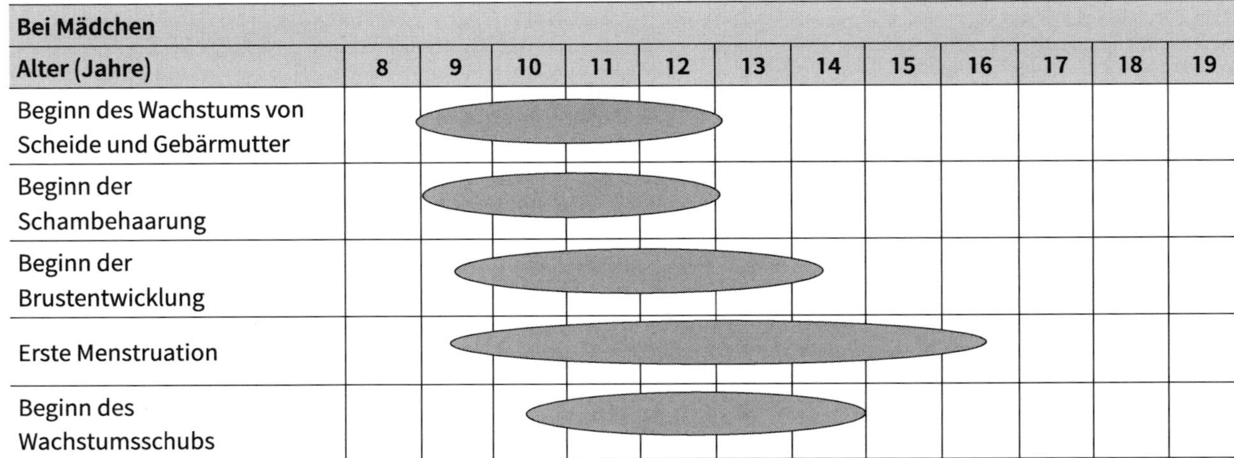

| **Bei Mädchen** | | | | | | | | | | | | |
|---|---|---|---|---|---|---|---|---|---|---|---|---|
| **Alter (Jahre)** | **8** | **9** | **10** | **11** | **12** | **13** | **14** | **15** | **16** | **17** | **18** | **19** |
| Beginn des Wachstums von Scheide und Gebärmutter | | | | | | | | | | | | |
| Beginn der Schambehaarung | | | | | | | | | | | | |
| Beginn der Brustentwicklung | | | | | | | | | | | | |
| Erste Menstruation | | | | | | | | | | | | |
| Beginn des Wachstumsschubs | | | | | | | | | | | | |

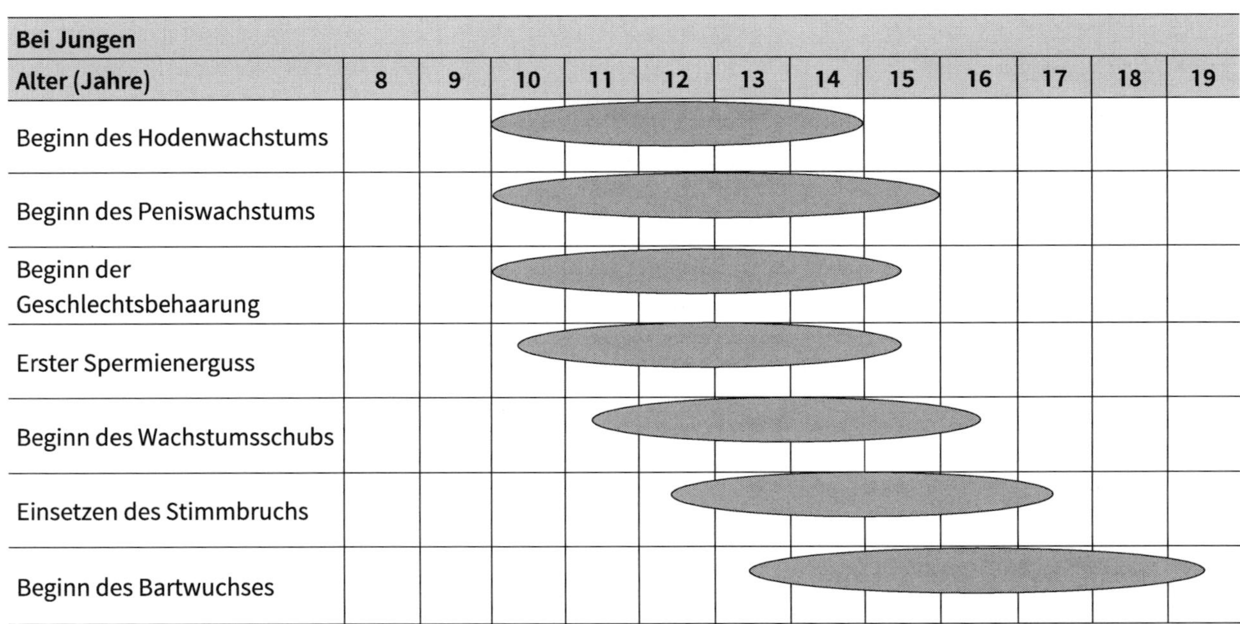

| **Bei Jungen** | | | | | | | | | | | | |
|---|---|---|---|---|---|---|---|---|---|---|---|---|
| **Alter (Jahre)** | **8** | **9** | **10** | **11** | **12** | **13** | **14** | **15** | **16** | **17** | **18** | **19** |
| Beginn des Hodenwachstums | | | | | | | | | | | | |
| Beginn des Peniswachstums | | | | | | | | | | | | |
| Beginn der Geschlechtsbehaarung | | | | | | | | | | | | |
| Erster Spermienerguss | | | | | | | | | | | | |
| Beginn des Wachstumsschubs | | | | | | | | | | | | |
| Einsetzen des Stimmbruchs | | | | | | | | | | | | |
| Beginn des Bartwuchses | | | | | | | | | | | | |

**3.**
Individuelle Lösung, z. B.:
Liebe Milena,
das habe ich mit meiner Schwester auch schon durchgemacht. Hanna ist mitten in der Pubertät. Sie verhält sich so, weil neben den körperlichen Veränderungen auch seelische Veränderungen erfolgen. Dabei ändern sich ihr Fühlen, Denken und ihr Verhalten. Dadurch kann es zu Stimmungsschwankungen und zu unangemessenen Reaktionen gegenüber anderen kommen. Daher streitet sie sich mit Deinen Eltern und will nicht mehr mit Dir spielen. Sie will eigentlich nicht so launisch sein, aber sie versteht sich selbst nicht so ganz.
Sie macht jetzt viel mit ihren gleichaltrigen Freundinnen, da sie sich von ihnen verstanden fühlt. Denn ihre Freundinnen haben ähnliche Probleme. Vielleicht unterhalten sie sich auch darüber, wie sie die Jungs aus der Klasse so finden. Das ist ganz normal. Hannas komisches Verhalten legt sich bestimmt in einigen Jahren wieder. Das war bei meiner Schwester genauso.
Liebe Grüße, Deine Freundin Julia.

---

## 5.3 Vom Jungen zum Mann

| | |
|---|---|
| Männliche Geschlechtsorgane | **1.** Abb. 1 |
| Spermienzellen oder Samenzellen? | **4.** Abb. 2 |
| Akne ein Problem in der Pubertät | **2.** Abb. 4 |
| Körperpflege in der Pubertät | **3.** Abb. 3 |

**1.**

| Organ | Funktion |
|---|---|
| Hoden | produzieren die Spermien |
| Nebenhoden | sammeln die Spermien |
| Hodensack | schützt Hoden und Nebenhoden |
| Prostata (Vorsteherdrüse) | produzieren Flüssigkeit, die die Spermien beweglich macht |
| Bläschendrüse | |
| Spermienleiter | Weg der Spermien nach außen |
| Harn-Spermienröhre | |
| Penis | Geschlechtsverkehr |
| Vorhaut | schützt die Eichel, den vorderen Teil des Penis |

**2.**
Talgdrüse sondert Talg ab ⇒ Ausführgang der Talgdrüse verstopft ⇒ ein „Mitesser“ entsteht ⇒ Bakterien wandern ein ⇒ die Talgdrüse entzündet sich ⇒ es bildet sich Eiter ⇒ an der Hautoberfläche entsteht ein Pickel (ein mit Eiter gefülltes Bläschen).

**3.**
Individuelle Lösung, z. B.:
- Drücke Pickel nicht aus. Spezielle Mittel können die Pickel austrocknen und Linderung verschaffen. Wasche dein Gesicht regelmäßig mit lauwarmem Wasser.
- Reinige täglich die Geschlechtsorgane und die Stellen unter den Achseln.
- Verwende ein Deodorant.
- Nimm mehrmals in der Woche eine Dusche oder ein Bad.
- Putze dir morgens und abends die Zähne; am besten nach jeder Mahlzeit.
- Wechsle täglich deine Unterwäsche und deine Socken.
- Wechsle nach dem Sport oder intensiver körperlicher Anstrengung deine Kleidung und dusche dich.
- …

Jungen:
Unter der Vorhaut des Penis können sich fettige Absonderungen absetzen. Deshalb sollen Jungen täglich ihren Penis waschen. Dabei wird die Vorhaut

vorsichtig zurückgestreift und die Eichel mit Lotion gründlich gewaschen. Solltest du Schmerzen beim Zurückstreifen der Vorhaut haben, suche einen Arzt auf.
Mädchen:
Frauen sollten ihre Schamlippen immer von vorne nach hinten nur mit Wasser waschen. So können keine Bakterien vom After in die Scheide und in die Harnröhre gelangen. Das Menstruationsblut wird mit Binden oder Tampons aufgefangen. Binden werden in den Slip eingelegt und müssen regelmäßig gewechselt werden. Tampons werden in die Scheide geschoben, sodass sie beim Tragen nicht zu spüren sind. Beim regelmäßigen Wechsel werden sie an einem Faden wieder aus der Scheide gezogen. Gebrauchte Binden und Tampons gehören nicht in die Toilette, da sie Abflussrohre verstopfen können.

**4.**
Unter dem Samen versteht man bei Pflanzen den von einer Hülle umgebenen Embryo mit seinen Reservestoffen für die Keimung. Der Embryo entsteht aus der befruchteten Eizelle und ist schon die junge neue Pflanze. Spermien führen erst zur Befruchtung der Eizelle, sind also mit dem Samen nicht vergleichbar.

---

## 5.4 Vom Mädchen zur Frau

| Weibliche und männliche Geschlechtsorgane | **1.** Abb. 1, 2, 5 |
|---|---|
| Der Menstruationszyklus | **2., 3.** Abb. 3, 4 |

**1.**
1 Penis, 2 Eichel, 3 Vorhaut, 4 Harn-Spermienröhre, 5 Hodensack, 6 Hoden, 7 Nebenhoden, 8 Spermienleiter, 9 Prostata (Vorsteherdrüse), 10 Darm, 11 Blase, 12 Eierstock, 13 Eileiter, 14 Gebärmutter, 15 Blase, 16 Harnröhre, 17 Klitoris, 18 Schamlippen, 19 Scheide, 20 Darm

**2.**
**a)**
Januar/Februar: 31 Tage
Februar/März: 33 Tage
März/April: 23
April/Mai: 31
Mai/Juni: 21

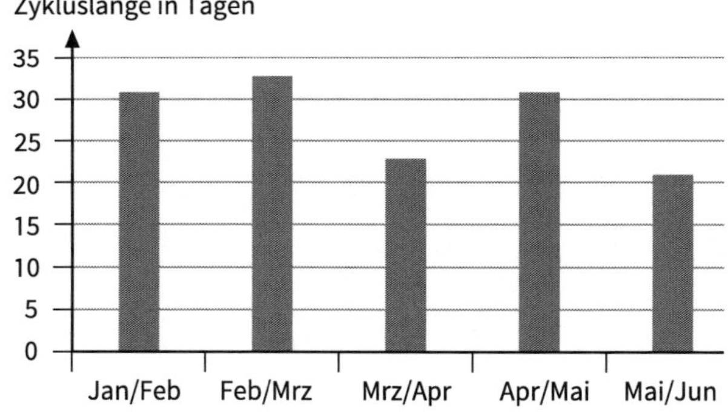

**b)** Diese Aussage ist falsch, weil sich die durchschnittliche Länge des weiblichen Zyklus von Frau zu Frau stark unterscheiden kann. Die durchschnittliche Länge des Zyklus der Frauen liegt bei 27 Tagen. Dies sagt aber nichts aus, wie lang ein einzelner Menstruationszyklus einer Frau genau ist. Bei Frau G. dauert der Zyklus im Durchschnitt 27,8 Tage und die Menstruation dauert 4 bis 6 Tage. Allerdings sind die Zyklen von Januar bis Juni von Frau G. unterschiedlich lang und erstrecken sich zwischen 21 und 33 Tagen.

**3.**

Die durchschnittliche Zykluslänge beträgt bei Frau G. 27,8 Tage. Der Zyklus von Juliane ist noch sehr unregelmäßig. Die durchschnittliche Zyklusdauer beträgt 37,25 Tage, der Menstruationskalender sieht wie folgt aus:

---

## 5.5 Befruchtung, Schwangerschaft und Geburt

| | | |
|---|---|---|
| Entwicklung: Von der Befruchtung bis zurm Fetus | **1.** | Abb. 1 |
| Emfehlung: Kein Alkohol und Nikotin in der Schwangerschaft | **2.** | Abb. 3, 4 |
| Modell und Schwangerschaft | **3.** | Abb. 2 |

**1.**

**a)** Beim Eisprung platzt das Eibläschen und die Eizelle gelangt in den Eileiter. Auf ihrem Weg durch den Eileiter kann es zur Befruchtung kommen. Dabei verschmelzen Eizelle und Spermienzelle. Die befruchtete Eizelle, die Zygote, wandert zur Gebärmutter. Auf diesem Weg teilt sie sich wiederholt. Nach etwa sechs bis sieben Tagen erreicht der Embryo die Gebärmutter und setzt sich in der Gebärmutterschleimhaut fest. Diesen Vorgang bezeichnet man als Einnistung.

**b)**

1 Plazenta
2 Embryo
3 Fruchtblase
4 Nabelschnur
5 Blutgefäß in der Nabelschnur

**2.**
Während der Schwangerschaft wird der Embryo und nachfolgend der Fetus durch das Blut der Mutter mit Nährstoffen und Sauerstoff versorgt. In dieser Zeit entwickeln sich die einzelnen Organe des Kindes. Gelangen mit dem Blut der Mutter Giftstoffe wie Nikotin und Alkohol in den Körper des Embryos bzw. Fetus, kann es zu schweren Schäden bei der Entwicklung einzelner Organe oder sogar des gesamten Kindes kommen.

**3.**
Gemeinsamkeiten zwischen dem Modell und einer schwangeren Frau: Das Ei entspricht dem Embryo/Fetus. Beide sind durch die Flüssigkeit vor Stößen und Erschütterungen geschützt.
Unterschiede: Die Glaswand entspricht der Gebärmutterschleimhaut. Die Glaswand ist im Gegensatz zur elastischen Gebärmutterschleimhaut starr. Der Embryo/Fetus wird über die Nabelschnur mit Nährstoffen und Sauerstoff versorgt. Für das Ei im Modell gibt es kein Versorgungssystem.

## 5.6 Das darf nicht jeder!

| | |
|---|---|
| Jeder Mensch hat seine Grenzen. | **1., 2.** Abb. 1, 4 |
| Wie mache ich meine Grenzen deutlich? | **3.** |
| Verhalten im Internet | **4.** Abb. 3 |
| Sexueller Missbrauch | Abb. 2 |

**1.**
Individuelle Lösung, z. B.:

| | Mutter | Vater | Bruder | Schwester | Schulfreund | Schulfreundin | Lehrer | Lehrerin |
|---|---|---|---|---|---|---|---|---|
| mir ein Pflaster aufkleben | + | + | + | + | + | + | + | + |
| mich mit Streicheln trösten | + | + | + | + | | | | |
| … | + | | | | | | | |

**2.**
*Individualdistanz*: Beispiel: Du willst deine Freundin in den Arm nehmen und trösten, weil sie wegen einer schlechten Note bitter weint. Sie ist allerdings noch so mit sich beschäftigt, dass sie weg läuft. Du lässt sie in Ruhe und wartest bis sie sich beruhigt hat.
*Vertraue deinen Gefühlen*: Beispiel: Ein Unbekannter macht mit dem Handy ein Foto von dir und du ärgerst dich darüber sehr. Du schickst deinen Vater zu dem Mann und der sorgt dafür, dass das Foto wieder gelöscht wird.
*NEIN-Sagen*: Beispiel: Ein Mitschüler macht sich über dich lustig und du sagst deutlich, dass er das gefälligst unterlassen soll. Allerdings hört er nicht damit auf und du bittest deinen Klassenlehrer mit dem Schüler zu reden.
*Privatsphäre auch im Netz*: Beispiel: Du postest in deinem Profil im Internet keine Fotos in Badekleidung

**3.**
Individuelle Lösung.

**4.**
1. Im Internet können Adressen und persönliche Angaben ausgespäht werden. Gibt man sie an, besteht die Gefahr, dass man belästigt wird, oder dass persönliche Daten veröffentlicht werden und jeder sie abrufen kann.
2. Manche Seiten im Internet sind so gemacht, dass sie einen Menschen verunsichern sollen und dazu verleiten sollen, Dinge zu tun, die er eigentlich nicht will. Deine Eltern wissen sicher, wie man sich dann verhalten soll.
3. Auf manchen Seiten können Geschäfte so dargestellt sein, dass man sie nicht überblicken kann. Ein Kauf kann dann mit viel Ärger oder auch mit Geldverlust verbunden sein, was deine Eltern dann „ausbaden“ müssen.
4. Du bist in deinem Alter rechtlich noch nicht „geschäftsfähig“. Deine Eltern müssen für deine Handlungen gerade stehen.
5. Anhänge können Viren, Trojaner oder ähnliches enthalten, die sich automatisch beim Öffnen des Anhangs auf dem Computer verbreiten und es Fremden ermöglichen, den Computer auszuspähen oder ihn zu steuern.

---

# G Grundwissenkarten und Aufgaben

**a)** Kohlenhydrate, Eiweiße, Fette, Mineralsalze, Vitamine, Ballaststoffe und Wasser.
**b)**

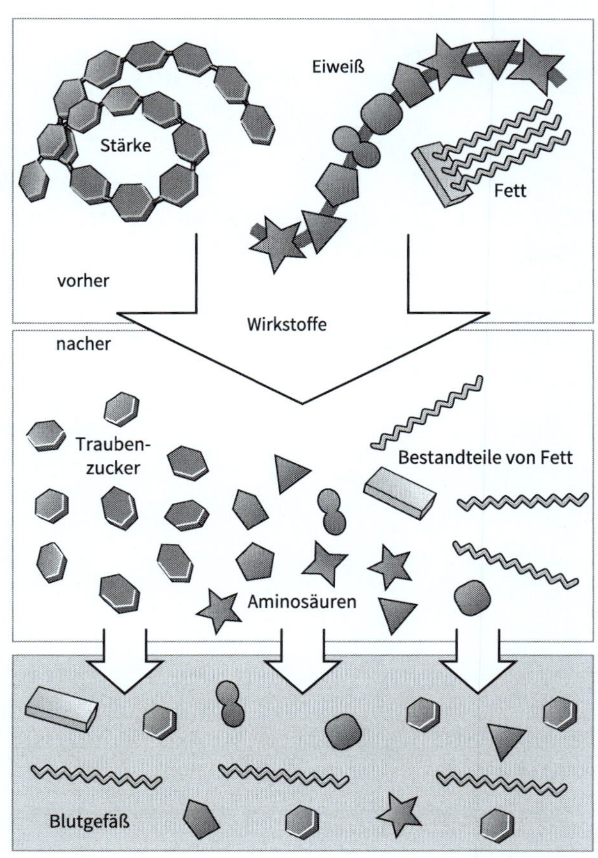


**c)** Kohlenhydrate enthalten 17 Kilojoule (kJ) Energie pro Gramm.
1200 kJ : 17kJ pro Gramm = 70,6 Gramm
Ich müsste ca. 71 Gramm Nudeln essen.
**d)**

| | | |
|---|---|---|
| | 35 g Kohlenhydrate • 17 kJ/g | = 595 kJ |
| + | 30 g Eiweiß • 17 kJ/g | = 510 kJ |
| + | 27 g Fett • 39 kJ/g | = 1053 kJ |
| | Gesamtsumme | = 2158 kJ |

Der Energiegehalt des Hamburgers beträgt 2158 Kilojoule.

**2.**
**a)**

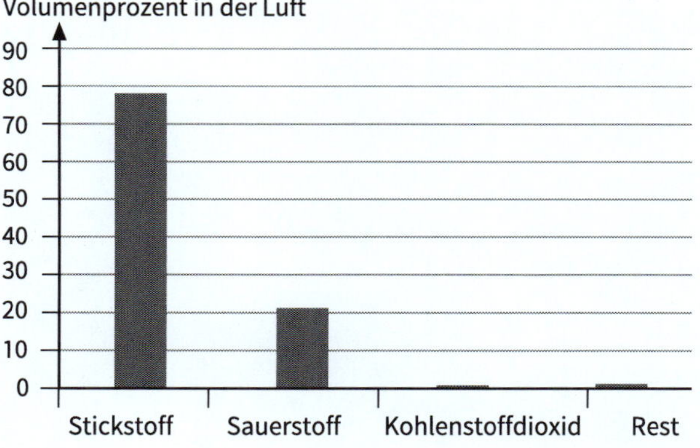

**b)**
Wortgleichung: Traubenzucker + Sauerstoff → Kohlenstoffdioxid + Wasser
Energieumwandlung:

chemische Energie → Zelle → Bewegungs-, Wärmeenergie

## 3.

**a)** *Arterien*: In diesen Blutgefäßen wird das Blut vom Herzen weg zu den Organen transportiert.
Venen: In diesen Blutgefäßen fließt das Blut wieder zurück zum Herzen.
*Kapillaren*: Sehr dünne und fein verzweigte Blutgefäße, hier findet der Stoffaustausch zwischen den Zellen und dem Blut statt.
**b)** Kohlenstoffdioxidreiches Blut strömt in die Kapillaren um die Lungenbläschen (blaue Farbe). Kohlenstoffdioxid gelangt über die dünnen Schichten (Zellmembranen) in den Innenraum der Lungenbläschen. Sauerstoff gelangt vermehrt auf dem gleichen Weg in die dünnen Blutgefäße. Das sauerstoffreiche Blut (rote Farbe) wird von den Lungenkapillaren abtransportiert.
Der Atemweg in der Lunge teilt sich in die Bronchien der beiden Lungenflügel. Die Bronchien verästeln sich immer weiter und führen die Einatmungsluft zu den Lungenbläschen. Das Lungengewebe besteht zum großen Teil aus diesen kleinen Lungenbläschen, die von einem Netz feinster Kapillaren umspannt sind. Dadurch steht für den Gasaustausch eine große Oberfläche zur Verfügung. Das zugrunde liegende Bauprinzip ist das Prinzip der Oberflächenvergrößerung.
In der Abbildung sind Blutgefäße, die sauerstoffarmes Blut transportieren, blau und Blutgefäße, die sauerstoffreiches Blut befördern, rot gefärbt.
**c)** Individuelle Lösung, z. B.:

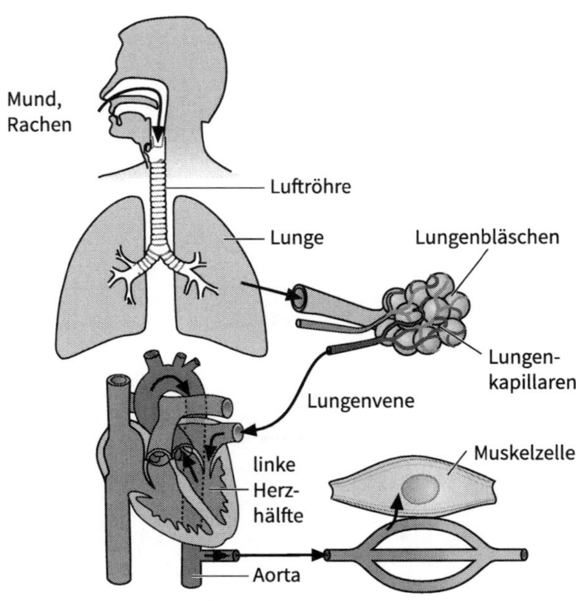


## 4.

Befruchtung: Im oberen Teil des Eileiters verschmilzt eine Spermienzelle mit der Eizelle.

# 6 Samenpflanzen als Lebewesen - Fortpflanzung

## 6.1 Blüten und ihr Aufbau

| | |
|---|---|
| Aufbau einer Blüte | Abb. 1, 2 |
| Aufgaben der Blütenbestandteile | **2.**<br>Abb. 1-4 |
| Legebild und Blütendiagramm | **1.**<br>Abb. 4, 5 |
| Der Aufbau von Blüten zeigt Verwandtschaft. | **3.**<br>Abb. 3-5 |

**1.**
Legebild des Wiesenschaumkrauts:

Blütendiagramm des Wiesenschaumkrauts:

**2.**

| Blütenteil | Aufgaben |
|---|---|
| Kelchblätter | schützen die inneren Blütenteile vor dem Aufblühen |
| Kronblätter | locken Insekten an |
| Nektardrüsen | bilden zuckerhaltigen Nektar |
| Staubblätter | enthalten die Pollenkörner |
| Pollenkörner | enthalten die Spermien |
| Fruchtblätter (Stempel) | enthalten die Samenanlage |
| Samenanlage | aus ihr entwickelt sich nach der Befruchtung der Eizelle der Samen |

Individuelle Lösung, z. B.
*Gemeinsamkeiten:*
- Ein Fruchtknoten im Zentrum der Blüte.
- Abfolge und kreisförmige Anordnung der Blütenbestandteile.
- ...

*Unterschiede:*
- Die Rapsblüte hat nur 6 kreisförmig angeordnete Staubblätter und die Kirschblüte hat viele Staubblätter.
- Die Rapsblüte hat 4 gelbe Kronblätter und die Kirschblüte hat 5 weiße Kronblätter.
- Die Rapsblüte hat 4 Kelchblätter und die Kirschblüte hat 5 Kelchblätter.
- ...

**3.**
Apfel:

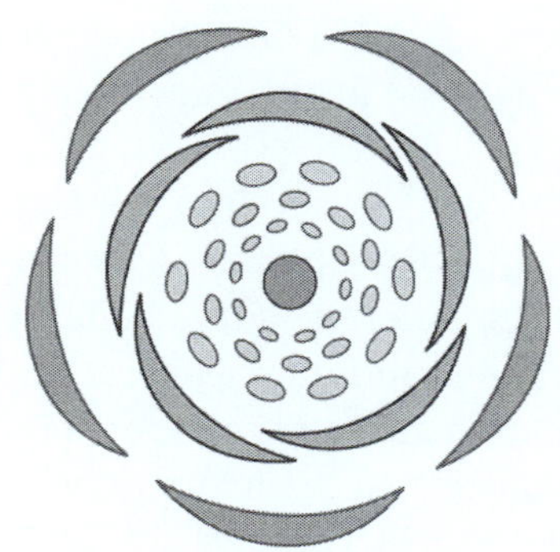

Wiesenschaumkraut:

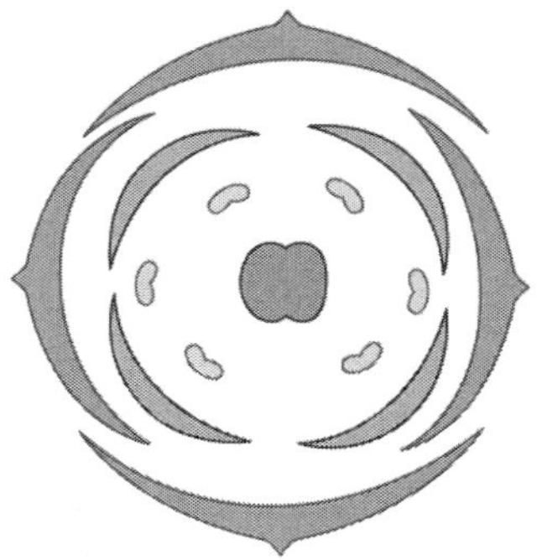

Die Blüten von Wiesenschaumkraut und Raps sind gleich aufgebaut. Die beiden Pflanzen sind offenbar miteinander verwandt. Das gilt auch für Kirsche und Apfel, deren Blüten sehr ähnlich aufgebaut sind.

---

## 6.2 Bestäubung, Befruchtung, Samenbildung

| | |
|---|---|
| Fortpflanzung des Kirschbaums und wichtige Fachbegriffe | **1.** Abb. 1, 2, 3 |
| Vergleich der Fortpflanzung von Mensch und Pflanze | **2.** Abb. 4 |
| Der Embryo teilt sich | **3.** Text |
| Bienen als wichtige Bestäuber | **4., 5., 6.** Abb. 5 |

**1.**

**a)** Fortpflanzung ist die Erzeugung von fruchtbaren Nachkommen der gleichen Art.
Bestäubung ist die Übertragung von Pollen auf die Narbe einer anderen Blüte der gleichen Art.
Befruchtung ist das Verschmelzen einer Eizelle mit einer Spermienzelle in den Samenanlagen.

**b)** Aufblühen der Kirschblüte ⇒ Besuch durch ein Insekt ⇒ Transport von Pollenkörnern durch das Insekt zu einer anderen Blüte ⇒ Pollenkorn gelangt auf die Narbe Bestäubung ⇒ Pollenschlauch wächst durch den Griffel zur Samenanlage im Fruchtknoten ⇒ Spermienzellen gelangen zur Eizelle ⇒ Befruchtung ⇒ in der Samenanlage wächst der Samen ⇒ im Innern des Samens entwickelt sich der Embryo.

**2.**

| | Samenpflanzen | Mensch |
|---|---|---|
| Art der Fortpflanzung | geschlechtliche Fortpflanzung | geschlechtliche Fortpflanzung |
| weibliche Kennzeichen | Fruchtblatt, Eizelle | Eierstock, Eizelle, Eileiter, Scheide |
| männliche Kennzeichen | Staubblatt, Pollenkorn, Spermienzellen | Penis, Spermienleiter, Hoden, Spermienzellen |
| Wie finden Keimzellen zueinander? | Bestäubung | beim Geschlechtsverkehr |
| Ort der Befruchtung | Samenanlage im Fruchtknoten | oberer Abschnitt des Eileiters |

**3.**

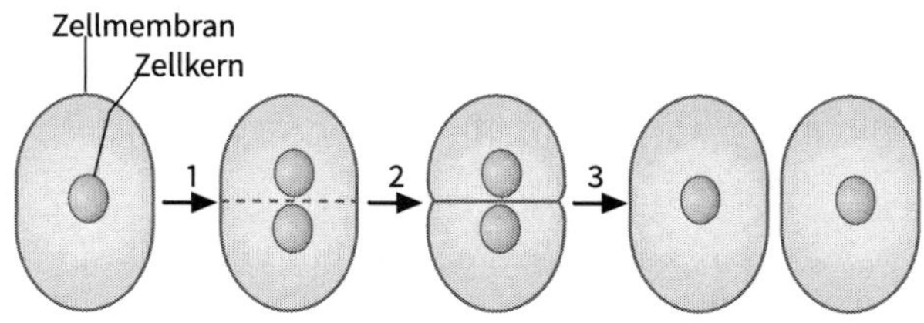


1: Zellkern wird identisch verdoppelt
2: Zelle teilt sich durch neue Zellmembranen in zwei Tochterzellen
3: Zellen wachsen bis zur Ausgangsgröße der Mutterzelle

**4.**

Individuelle Lösung, z. B.:

Für eine gute Kirschenernte müssen viele Bedingungen erfüllt sein. Der Kirschbaum gedeiht nur, wenn er über den Boden genügend Mineralsalze und Wasser erhält. Zum Wachsen und zum Ausbilden von Früchten müssen die Blätter viel Licht haben. Eine Bestäubung der Blüten kann nur erfolgen, wenn sich in der Nähe andere blühende Kirschbäume befinden, weil bei der Kirsche Fremdbestäubung vorliegt. Zur Bestäubung sind Insekten, in der Regel Bienen, notwendig. Die Witterung entscheidet mit, wie viele Blüten ausgebildet werden und ob Insekten in der maßgeblichen Zeit fliegen können, um die Blüten zu bestäuben. Witterungsereignisse beeinflussen das Wachsen und Reifen der Kirschen. Darüber hinaus können Schadinsekten eine gute Ernte verhindern.

**5.**

Individuelle Lösung, z. B.

- Unterschiedliche Reifezeitpunkte der weiblichen und männlichen Geschlechtsorgane eines Kirschbaums. Wenn die Staubblätter den Pollen freisetzen sind die Narben des gleichen Kirschbaums nicht klebrig.
- Die Pollen können auf Narben der Blüten des gleichen Kirschbaums keinen Pollenschlauch ausbilden, sondern nur auf Narben anderer Kirschbäume. Die Narben erkennen den Pollen des gleichen Kirschbaumes und verhindern, dass dieser einen Pollenschlauch bildet.
- …

Die Fremdbestäubung steigert die Vielfalt denn sie führt dazu, dass die Eigenschaften verschiedener Kirschbäume neu kombiniert werden.

**6.**

Albert Einstein will mit dieser Aussage klar machen, dass ein so kleines Lebewesen wie die Biene im Gefüge aller Lebewesen eine wichtige Rolle spielt. Er will damit zum Nachdenken anregen und zeigen, dass Bienen schützenswert sind und auch große Bedeutung für das Leben des Menschen auf der Erde haben. Bienen bestäuben einen Großteil der Pflanzen und sorgen damit für deren Fortpflanzung. Der Mensch ernährt sich sowohl direkt von diesen Pflanzen als auch von pflanzenfressenden Tieren. Ohne Bienen würden vermutlich der Mensch und viele andere Lebewesen in ihrer Existenz bedroht sein.

---

## 6.3 Bestäubung von Blüten durch Wind und Insekten

| | |
|---|---|
| Vergleich von Wind- und Tierbestäubung | **1.** Abb. 1, 2, 3 |
| Insektenrüssel und Blütenbau | **2.** Abb. 1, 4 |
| Blütenstetes Verhalten | **3.** |

**1.**

**a)** Individuelle Lösung.

**b)**

*Insektenbestäubung*:

*Kosten:* Bereitstellen von Pollen und Nektar als Nahrung für die Blütenbesucher, großer Aufwand für Färbung – Duft – Musterung der Blüten zur Anlockung der Blütenbesucher, große Abhängigkeit von den Insekten und von gutem Wetter

*Nutzen:* gezielte Übertragung der Pollen von Blüte zu Blüte durch die meist blütensteten Insekten, große Treffsicherheit bei der Pollenübertragung

*Windbestäubung*:

*Kosten:* Bereitstellung enormer Pollenmengen, geringe Treffsicherheit bei der Pollenübertragung, …

*Nutzen:* große Reichweite der Pollenübertragung, Unabhängigkeit von Insekten bei der Bestäubung, keine Bereitstellung von Nektar, geringer Aufwand für unscheinbare Blüten

**2.**

**a)**

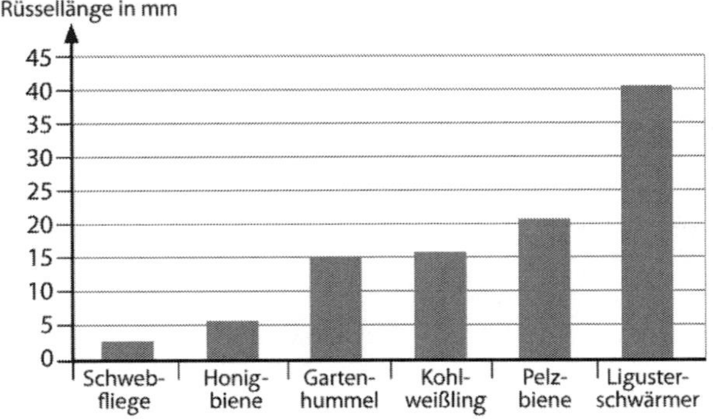


**b)**

| Blüten-typ | Insekten |
|---|---|
| A | Pelzbiene, Ligusterschwärmer |
| B | Honigbiene, Kohlweißling, Gartenhummel, Pelzbiene, Ligusterschwärmer |
| C | Schwebfliege, Honigbiene, Kohlweißling, Gartenhummel, Pelzbiene, Ligusterschwärmer |

Insekten mit kurzem Rüssel können nur in Blüten ohne Kronröhre an Nektar gelangen. Insekten mit etwas längerem Rüssel können zusätzlich auch in Blüten mit einer kurzen Kronröhre Nektar aufnehmen. Nur Insekten mit sehr langem Rüssel können auch in Blüten mit sehr langer Kronröhre an den Nektar gelangen.

**c)** Blüten vom Typ C können von allen Insekten besucht werden. Infolge dessen ist die Konkurrenz unter den Insekten groß. Die Wahrscheinlichkeit Nektar zu finden ist also klein, weil die Blüten häufig besucht werden und der Nektarvorrat ständig geleert wird. Blüten vom Typ A werden nur von Insekten mit langem Rüssel besucht, da andere Insekten nicht zum Nektar gelangen können. Die Wahrscheinlichkeit Nektar zu finden ist daher für die Schmetterlinge viel größer. Deshalb fliegen sie nur diese Blüten an.

**3.**

Die Pflanze hat durch blütenstetes Verhalten der Insekten nur Vorteile: Die Wahrscheinlichkeit einer erfolgreichen Bestäubung ist hoch, da die Biene nur Blüten der selben Pflanzenart besucht. Für die Biene ist es ein Vorteil, wenn sie an einem Tag immer denselben „bekannten“ Blütentyp aufsucht, der zurzeit ausreichend Nektar verspricht. So kann sie wahrscheinlich pro Zeiteinheit mehr Nektar sammeln als wenn sie verschiedenste Blüten durcheinander besucht. Ein Nachteil könnte darin liegen, dass eine Biene so eine Blüte „verpasst“, die möglicherweise mehr Nektar zu bieten hätte.

---

## M Steckbriefe von Blütenpflanzen erstellen

**1.-4.**

Individuelle Lösungen.

---

## 6.4 Rosengewächse und Kreuzblütler

| Blütenbau der Rosengewächse | **1.a** Abb. 1 |
|---|---|
| Blütenbau der Kreuzblütler | **1.b** Abb. 2 |

| Züchtung von Kohlsorten | **2., 3.** Abb. 3, 4 |
|---|---|

**1.**

**a)** Die Blüten von Raps und Kirsche unterscheiden sich in der Anzahl der Kelch- Kron- und Staubblätter. Die beiden Pflanzen gehören unterschiedlichen Pflanzenfamilien an: Raps ist ein Kreuzblütler, die Kirsche ein Rosengewächs.

| | Raps | Kirsche |
|---|---|---|
| **Anzahl der Kelchblätter** | 4 | 5 |
| **Anzahl der Kronblätter** | 4 | 5 |
| **Anzahl der Staubblätter** | 6 | Viele, Anzahl durch 5 teilbar |

**b)** Die Blüten von Wiesenschaumkraut und Raps sind gleich aufgebaut. Die beiden Pflanzen sind miteinander verwandt und gehören der gleichen Pflanzenfamilie an, den Kreuzblütlern. Sie besitzen vier Kelchblätter und vier Kronblätter, von denen jeweils zwei gegenüberstehen. Außerdem haben beide Blüten sechs Staubblätter. Kreuzblütler haben als Früchte Schoten.

**2.**

**a)**
Links oben: Kohlrabi
Rechts oben: Rosenkohl
Links unten: Brokkoli
Rechts unten: Weißkohl
Mitte unten: Blumenkohl

**b)**
Kohlrabi: Stängel
Rosenkohl: Achselknospen
Brokkoli: Blütenstand
Weißkohl: Blätter
Blumenkohl: Blütenstand

**c)**
Individuelle Lösung, z. B.: Die Wildkohlpflanzen unterscheiden sich u. a. in der Dicke des Stängels. Der Mensch kreuzte nun Pflanzen mit besonders dicken Stängeln. Unter den Nachkommen befanden sich Pflanzen mit noch dickeren Stängeln. Diese wurden wieder miteinander gekreuzt. Dieses Vorgehen wurde immer wieder wiederholt, bis die Kohlrabipflanze mit dieser Züchtung erreicht wurde.

**3.**

Individuelle Lösung, z. B.:
- Weshalb sehen die Blätter des Rotkohls rot und nicht grün aus?
- Weshalb sind die äußeren Blätter eher violett, die inneren Blätter eher rot gefärbt?
- Wie kann der Kohlkopf wachsen, wenn die neuen Blätter an der Spitze der Sprossachse innerhalb des Kohlkopfes gebildet werden?
- Wie kommt es, dass die Blätter so eng aneinander liegen und einen Kohlkopf bilden?

---

## 6.5 Schmetterlingsblütler und Lippenblütler

| | |
|---|---|
| Untersuchung einer Taubnessel | **1.** Abb. 3 Textseite |
| Steckbrief für Schmetterlingsblütler | **2.** Abb. 2, 3 Textseite |
| Lippenblütler | **3.** Abb. 4 |
| Bestimmungsschlüssel | **4.** Abb. 1 |

## 1.

**a)** Individuelle Lösung, z. B.:

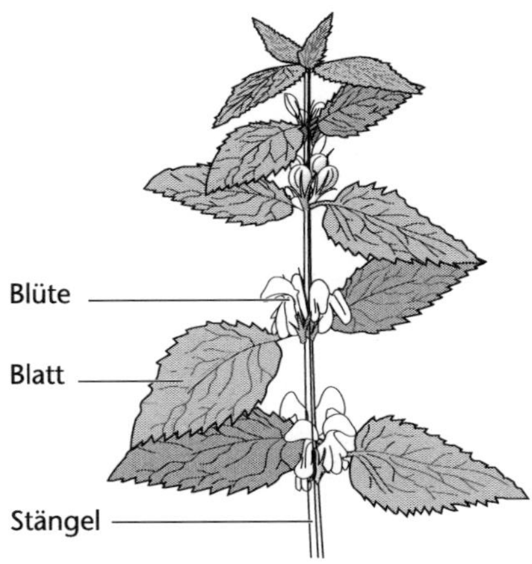


**b)** Individuelle Lösung, z. B.:

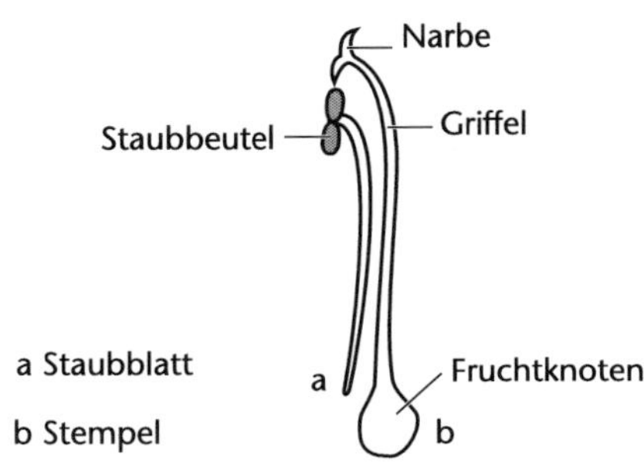


**c)** Die Blüte der Taubnessel besitzt eine Spiegelachse. Die linke und die rechte Seite der Blüte sind völlig gleich aufgebaut. Dabei sind fünf Kronblätter zu einer Ober- und Unterlippe verwachsen. Auch die Kelchblätter sind miteinander verwachsen. Außerdem besitzt die Blüte zwei lange und zwei kurze Staubblätter.

## 2.

Steckbrief für die Familie der Schmetterlingsblütler.
*Wuchsform:* Die Blätter sind häufig gefiedert und haben Ranken.
*Blüte:* 5 Kelchblätter, die häufig miteinander verwachsen sind. Die 5 Kronblätter sind unterschiedlich geformt und bilden eine Fahne, 2 Flügel und ein Schiffchen, das aus 2 Kronblättern besteht. Das Schiffchen umschließt 10 Staubblätter und einen Fruchtknoten.
*Frucht:* Die Frucht ist eine Hülse.
*Arten:* Bohne, Erbse, Linse.
*Nutzung:* Die Früchte sind Nahrungsmittel.

## 3.

Salbei, Basilikum, Lavendel, Thymian
Bohnenkraut, Rosmarin, Majoran, Pfefferminze

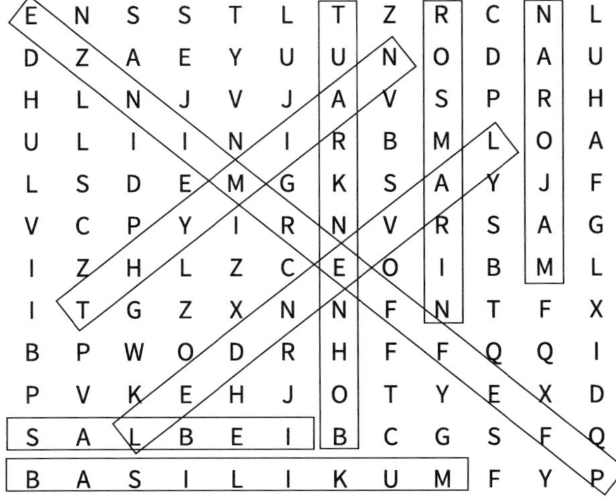


## 4.

1. (Start)
Blätter geteilt/ Blätter ungeteilt
Schmetterlings-/Lippenblüte
2. (links von Start)
Blätter mit/ohne rankende Spitze
Blätter dreigeteilt/in viele Teile geteilt (gefiedert)
3. (links oben, *Zaunwicke und Gartenerbse*)
Blütenfarbe rot/ Blütenfarbe weiß
Anzahl der Blattfiedern 10/Anzahl der Blattfiedern 5-6
4. (links unten, *Besenginster und Wiesenklee*)
Blüten einzeln/ Blüten in Köpfchen
Blütenfarbe gelb/ Blütenfarbe rot
5. (rechts von Start)
Blütenfarbe rosa/Blütenfarbe nicht rosa
Blüten ohne Farbstreifen/Blüten mit Farbstreifen
6. (rechts oben, *Goldnessel und Wiesensalbei*)
Blütenfarbe gelb/ Blütenfarbe blau
Blattstiel kurz/ Blattstiel lang
7. (rechts unten, *Echter Gamander und Waldziest*)
Oberlippe der Blüte fehlt/ Oberlippe der Blüte vorhanden
Blätter ohne Stiel/ Blätter mit Stiel

## 6.6 Korbblütler

| Bau der Korbblütler | **1.** Abb. 1, 2 |
|---|---|

| Bestimmung von Korbblütlern | **2.** Abb. 3, 4 |
|---|---|

**1.**

| Bau (Struktur) | Aufgabe (Funktion) |
|---|---|
| viele Einzelblüten auf einem Körbchen | Bestäubung vieler Blüten gleichzeitig |
| Zungenblüten | Anlocken von Insekten und Vögeln |
| Blütenstandsboden | trägt die vielen Einzelblüten |
| Hüllblätter | wirken wie ein Kelch, begrenzen den Blütenstandsboden |
| Röhrenblüte | Bereitstellen des Pollens bzw. der Narben |

**2.**

A (links): 1b ⇒ 6a ⇒ Rainfarn
B (2. von links, oben): 1a ⇒ 2b ⇒ 5a ⇒ Waldhabichtskraut
C (2. von links, unten): 1a ⇒ 2a ⇒ 3a ⇒ 4a ⇒ Gänseblümchen
D (3. von links): 1a ⇒ 2a ⇒ 3b ⇒ Arnika
E (4. von links): 1a ⇒ 2a ⇒ 3a ⇒ 4b ⇒ Margerite
F (rechts, oben): 1a ⇒ 2b ⇒ 5b ⇒ Gänsedistel
G (rechts, unten): 1b ⇒ 6b ⇒ Strahlenlose Kamille

# 7 Ökosystem Grünland

## 7.1 Grünland ist unterschiedlich

| Vergleich von Intensiv- und Extensivgrünland | **1.** Abb. 1-4 |
|---|---|
| Auswirkung von Mahd und Düngung auf Grünland | **2., 3., 4.** Abb. 5-7 |
| Bewirtschaftung von Acker und Wiese | **5.** Abb. 1 |

### 1.

Individuelle Lösung, z. B.

*Gemeinsamkeiten:*

- Die verschiedenen Grünlandtypen sind landwirtschaftlich genutzte Flächen, in denen Gräser vorherrschend sind.
- Die Grünlandflächen werden entweder durch die Nutztiere oder die Mahd kurz gehalten.

*Unterschiede:*

- Die besonders stark landwirtschaftlich genutzten Flächen des Intensivgrünlandes (Weide, Wiese) weisen eine sehr geringe Artenvielfalt auf. Es treten nur 10 – 20 Pflanzenarten auf und der Anteil an Kräuter ist klein.
- Die weniger stark landwirtschaftlich genutzten Flächen des Extensivgrünlandes weisen eine große Artenvielfalt auf. Es treten bis zu 30 bis 45 Pflanzenarten auf und der Anteil an Kräuter ist sehr hoch.
- Das Intensivgrünland wird drei- bis sechsmal pro Jahr gemäht während das Extensivgrünland nur ein- bis dreimal im Jahr geschnitten wird.
- Das Intensivgrünland wird viel stärker als Extensivgrünland gedüngt.

### 2.

Eine ungemähte Wiese weist in 10 cm über den Boden im Vergleich zu einer gemähten Wiese …

- mit 5000 Lux nur ¼ der Lichtstärke auf,
- absolute Windstille im Gegensatz zu einer Windstärke von 2 Meter pro Sekunde auf,
- mit 58% eine um 8% höhere Luftfeuchtigkeit auf.

Eine ungemähte Wiese weist in 2 cm Bodentiefe im Vergleich zu einer gemähten Wiese mit 18 °C eine um 3 °C geringere Bodentemperatur auf. Auch in 10 cm Bodentiefe ist der Unterschied mit 17 °C gegenüber 18 °C noch messbar.

Individuelle Lösung. Mögliche Hypothesen:
Die geringere Bodentemperatur sorgt dafür, dass auf ungemähten Wiesen nicht so viel Wasser verdunstet und somit steht den Pflanzen mehr Wasser zur Verfügung. Der Boden speichert dadurch besser Wasser und trocknet nicht so schnell aus. Die Pflanzen können somit besser wachsen und die Pflanzenfresser haben mehr Nahrung.
Die geringere Windstärke über dem Boden von ungemähten Wiesen sorgt auch dafür, dass weniger Wasser verdunstet.
Bei kühleren Bodentemperaturen auf ungemähten Wiesen sind die Lebensbedingungen für Regenwürmer und anderen Bodenbewohner besser. Dadurch steigt die Bodenqualität und es steigt die Artenvielfalt bei den Pflanzen bzw. Tieren.
Durch die höhere Luftfeuchtigkeit und das höhere Gras in ungemähten Wiesen sind die Lebensbedingungen für viele Insekten besser und es steigt die Artenvielfalt der Insekten. Das hat zur Folge, dass auch die Artenvielfalt von Insektenfressern u.s.w. steigt.

### 3.

**a)** Mit der Intensität der Düngung sinkt sowohl auf Wiese und Weide die Anzahl der Pflanzenarten. Die kaum gedüngte Wiese hat 45 verschiedene Pflanzenarten wohingegen die stark gedüngte Wiese nur über ca. 15 Pflanzenarten verfügt. Eine kaum gedüngte Weide hat ca. 27 verschiedene Pflanzenarten wohingegen eine stark gedüngte Weide nur über ca. 10 Pflanzenarten verfügt.

Je stärker die Düngung und je mehr Tiere bei der Nutzung vorhanden sind, desto geringer ist die Vielfalt der auf dem Grünland vorkommenden Pflanzenarten.

**b)** Durch die Düngung wachsen die Gräser schneller und damit kann der Landwirt häufiger mähen. Somit muss er weniger Futter zukaufen und wahrscheinlich spart er dadurch Geld, auch wenn er den Dünger kaufen muss.

Durch die Düngung werden die Grünlandflächen besser genutzt und somit muss der Landwirt für die erforderliche Futtermenge weniger landwirtschaftliche Fläche bewirtschaften. Somit spart er Geld, weil er weniger Land pachten bzw. kaufen muss und weil er weniger Arbeitszeit benötigt.

**4.**

Steigert man die Mahd einer Wiese von 4 mal auf 7 mal pro Jahr, verändert sich der Anteil der Pflanzen des Grünlandes wie folgt: Der Anteil des Raygrases verdoppelt sich auf einen Anteil von über die Hälfte aller Pflanzen. Der Anteil der anderen Kräuter steigt auf einen Anteil von über 10% an. Der Anteil von Löwenzahn, gemeinem Rispengras und Weißklee sinken alle deutlich. Außerdem verschwinden, die in orange markierten, anderen Gräser vollständig. Der Anteil vom Knäuelgras bleibt gleich.

Durch die Steigerung der Mahd werden folgende Pflanzen gefördert: Raygras und andere Kräuter.

Durch die Steigerung der Mahd werden folgende Pflanzen nicht gefördert: andere Gräser, Weißklee und Löwenzahn.

Individuelle Lösung – Vortrag.

**5.**

Individuelle Lösung, z. B.

*Gemeinsamkeiten:*

- Acker und Wiese werden in aller Regel stark gedüngt.
- In den Herbst- und Wintermonaten fallen nur wenige Arbeiten an.

*Unterschiede:*

Acker:

- der Acker muss gepflügt und für die Aussaat vorbereitet werden.
- Ausbringen des Saatguts auf den Acker.
- das Feld wird häufig gespritzt, damit keine Schädlinge die angebauten Feldfrüchte befallen und ungewünschte, andere Pflanzen am Wachsen gehindert werden.
- das Getreide wird mit einem Mähdrescher geerntet.

Wiese:

- ein- bis sechsmaliges Mähen pro Jahr.
- das Gras wird zum Trocknen auf dem Feld gewendet und als haltbares Heu eingelagert.
- häufig wird das Mähgut verdichtet und luftdicht z. B. in Silos eingelagert. Als Grassilage wird es für die Tiere zur Fütterung im Winter genutzt.

---

## 7.2 Grünland ist ein Ökosystem

| | |
|---|---|
| Umweltfaktoren wirken auf eine Pflanze ein. | **1.** Abb. 2, 3 |
| Fressen- und Gefressenwerden im Grünland | **2.** Abb. 1, 2 |
| Auswirkungen des Rückgangs der Grünlandfläche | **3.** Abb. 4 |

**1.**

Individuelle Lösung, z. B.:

Tiefe Temperaturen wirken auf eine Pflanze ein, indem z. B. starker Bodenfrost im Mai die junge Pflanze schädigt oder abtötet. Niederschlag wirkt auf eine Pflanze ein, indem z. B. heftiger Hagelschlag eine Pflanze niederdrückt oder zerstört. Starkregen bei Gewitter kann eine Pflanze überfluten und mit den Wurzeln aus dem Boden reisen. Besonders fruchtbarer Boden mit den richtigen Mineralsalzen führt dazu, dass eine Pflanze besonders gut wächst. Beschattung durch andere Pflanzen führt

dazu, dass eine Pflanze weniger Licht ausgesetzt ist und somit nicht so gut wächst. Starker Wind wirkt auf eine Pflanze ein, indem z. B. ein starker Windstoß Pflanzen niederdrückt oder zerreißt. Besonders niedrige Luftfeuchtigkeit führt dazu, dass eine Pflanze durch Verdunstung viel Wasser an die trockene Luft verliert und dadurch langsamer wächst. Zu viel Wasser und Feuchtigkeit im Boden sorgen dafür, dass eine Pflanze zum Beispiel an den Wurzeln fault und abstirbt.
Weitere Umweltfaktoren sind Schadstoffe, Bodenlebewesen und der Mensch.
Mit roten Pfeilen sind Umweltfaktoren dargestellt, die von Lebewesen ausgehen und mit blauen Pfeilen sind Umweltfaktoren dargestellt, die nicht auf Lebewesen zurückzuführen sind.

**2.**
Individuelle Lösung, z. B.

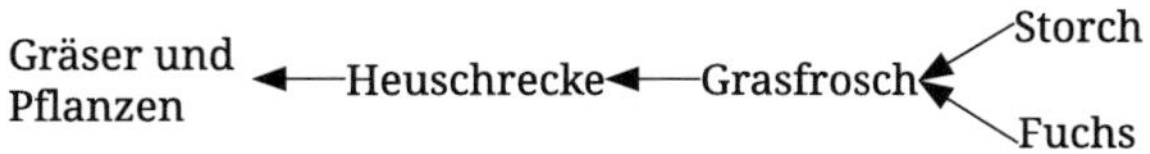


**3.**
Individuelle Lösung, z. B.
Nach einem kurzen Anstieg 1993 auf ca. 6750 Millionen Hektar ist die Grünlandfläche bis 1997 sehr stark auf ca. 6000 Millionen Hektar gesunken. Von 1997 bis 2006 sinkt sie weiter gleichmäßig um weitere 500 Millionen Hektar auf 5500 Millionen Hektar. 2007 sinkt sie stark auf 5000 Millionen Hektar und bleibt in etwa auf diesem Niveau bis heute. Insgesamt hat die Grünlandfläche in Deutschland von 1993 bis heute um ca. 1500 Millionen Hektar abgenommen. Dies entspricht einem Rückgang um fast ein Viertel.
Mögliche Hypothesen zur Auswirkung des Rückgangs der Grünlandfläche auf die Lebewesen:
- Den Lebewesen steht weniger Lebensraum zur Verfügung und damit wird die biologische Artenvielfalt zurückgehen, da bereits vom Aussterben bedrohten Tierarten endgültig die Lebensgrundlage genommen wird.
- Die sinkende Grünlandfläche führt dazu, dass die noch vorhandenen Grünlandflächen vermehrt als Intensivgrünland (Wiesen, Weiden) genutzt werden. Damit wird großflächig die Artenvielfalt weiter sinken.
- Durch die intensivere landwirtschaftliche Nutzung kommt es zu einem größeren Eintrag von Schadstoffen (Insektenvernichtungsmittel, Dünger) und dadurch werden viele Lebewesen geschädigt.

## M Untersuchung eines Grünlands

**1.-6.**
Individuelle Lösungen.

## G Grundwissenkarten und Aufgaben

**1.**
**a)** Fortpflanzung ist die Erzeugung von fruchtbaren Nachkommen der gleichen Art.
Die Spermienzellen befinden sich in den Pollenkörnern der Staubblätter.
Die Eizellen befinden sich in den Samenanlagen des Fruchtknotens.

**b)** Blütendiagramm des Wiesenschaumkrauts:

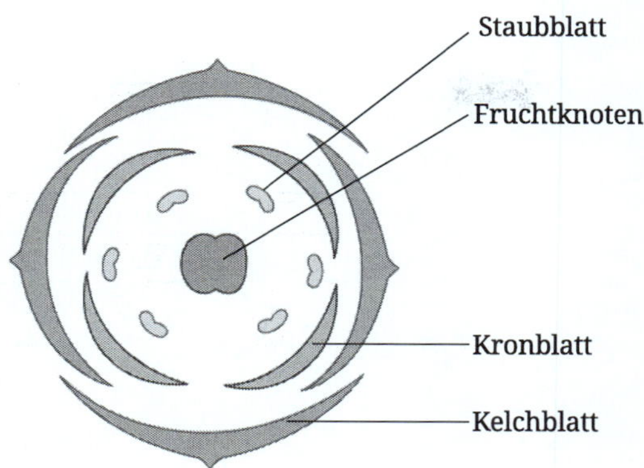


## 2.

**a)** Die Pollenkörner werden auf die Narbe einer anderen Blüte übertragen. Damit hat die Bestäubung stattgefunden. Die Pollenkörner wachsen mit einem Pollenschlauch zur Samenanlage im Fruchtknoten. Durch den Pollenschlauch gelangen Spermienzellen zur Eizelle. Bei der Befruchtung verschmilzt eine Eizelle mit einer Spermienzelle in der Samenanlage.

**b)** Pflanzen mit Windbestäubung: Gräser, Haselnuss, Nadelbäume.

Pflanzen mit Insektenbestäubung: Kirsche, Sonnenblume, Wiesenschaumkraut.

**c)** Individuelle Lösung, z. B.

- Unterschiedliche Reifezeitpunkte der weiblichen und männlichen Geschlechtsorgane. Wenn die Staubblätter den Pollen freisetzen sind die Narben der gleichen Pflanze nicht klebrig.
- Die Pollen können auf Narben der Blüten der gleichen Pflanze keinen Pollenschlau ausbilden, sondern nur auf Narben anderer Pflanzen. Die Narben erkennen den Pollen der gleichen Pflanze und verhindern, dass dieser einen Pollenschlauch bildet.

## 3.

**a)** Die Lebensgemeinschaft ist die Gesamtheit aller Lebewesen in dem Lebensraum (Regenwürmer, Grasarten, Pilze, Fußballspieler ...). Der Lebensraum ist der Bereich (Rasen – Spielfeld), in dem eine Lebensgemeinschaft vorkommt. Die Lebensgemeinschaft und der Lebensraum bilden zusammen das Ökosystem Rasen. In diesem Ökosystem wirken Umweltfaktoren (Düngung, Lichteinfall, Bewässerung, häufiges Mähen, Pilzbefall, Belastung durch Fußballspiele ...).

**b)** Der Rasen ist ein intensiv genutztes Grünland, weil es sich um eine sehr stark genutzte Fläche handelt. Der Rasen wird häufig gemäht und stark gedüngt. Durch diese starke Nutzung ist die Artenvielfalt klein und der wirtschaftliche Ertrag als Fußballplatz hoch.

**c)**

Unter Nachhaltigkeit versteht man, dass die Nutzung des Rasens als Fußballplatz nicht auf Kosten künftiger Generationen geschieht. Eine nachhaltige Nutzung wäre gewährleistet, wenn für den Fußballplatz eine extensive Ausgleichsfläche z. B. in Form eines Biotopgrünlands geschaffen wurde. Damit wäre dafür Sorge getragen worden, dass der Verlust an Artenvielfalt auf der Rasenfläche ausgeglichen wird. Außerdem spricht für die Nachhaltigkeit des Fußballplatzes, dass viele Menschen auf dem Rasen Sport treiben und sich gesund halten.

## 4.

**a)** 1. Eileiter 2. Eierstock 3. Gebärmutter 4. Scheide 5. Schamlippen

**b)** Mensch: Hoden → Spermienleiter → Harn-Spermienleiter → Scheide → Gebärmutter → oberer Teil des Eileiters (Befruchtung)

Blütenpflanze: Staubblatt → Pollenkorn → Narbe → Pollenschlauch → Samenanlage im Fruchtknoten (Befruchtung)

**c)**

- geschlechtliche Fortpflanzung
- Spermien- und Eizellen sind beteiligt.
- Befruchtung findet statt.
- Dadurch dass Ei- und Samenzelle verschmelzen, entsteht ein Lebewesen, das eine neue Kombination von Eigenschaften haben kann.